G.R.K Shrama
Morusu Sivasankar

Shrimad Bhagvad Gita: Wieczna mądrość dla zwycięskiego zarządzania

Profesor i dyrektor uniwersytetu
Wydział Edukacji Weterynaryjnej i Rozszerzenia A.H.
Uniwersytet Weterynaryjny Sri Venkateswara
College of Veterinary Science, Tirupati- 517 502

Dr.G.R.K.SHARMA

AKTUALNE DANE BIOLOGICZNE

Dr G.R.K.SHARMA, M.V.Sc., Ph.D. pracuje obecnie jako profesor i kierownik uniwersytecki z 20-letnim doświadczeniem w dyscyplinie Nauk Weterynaryjnych i o Zwierzętach ze specjalizacją Edukacja Rozszerzenia Weterynarii i Hodowli Zwierząt. W ramach działalności dydaktycznej, badawczej i poszerzania wiedzy, Prof. Sharma prowadziła dwóch doktorantów i pięciu uczniów P.G. i otrzymała cztery nagrody (w tym nagrodę Andhra Pradesh State Best Teacher Award), przeprowadziła cztery projekty badawcze, napisała dwa podręczniki i 65 badań oraz 35 popularnych artykułów. Obecnie pełni funkcję redaktora naczelnego dla recenzowanego czasopisma "African Journal of Livestock Extension" w Nigerii oraz członka rady redakcyjnej wielu recenzowanych czasopism.

DR. MORUSU SIVA SANKAR

Dr Morusu Siva sankar, MBA, M.Sc (IT), M.Tech, M.Com, P h.D i Post Doctoral Fellow (UGC) z S.V.University. Opublikował 90 artykułów w różnych czasopismach krajowych i międzynarodowych oraz jest autorem

30 książek. Uczestniczył i wygłaszał referaty w 36 seminariach krajowych i 2 międzynarodowych. Pracował w S.V.U. College of Engineering. Tirupati, A.P, Indie.

|| **Om Namo Venkatesaya...**

Znaczenie Mantry: Venkateswara, znana również jako Srinivasa, Balaji, Venkata i Venkatacalapati, jest formą hinduskiego boga Wisznu. Venkataweswara dosłownie oznacza "Pana Venkata". Słowo to jest połączeniem słów Venkata (nazwa wzgórza w południowych Indiach) i Isvara ("Pan").

Spis treści

Streszczenie

Historia Kryszny

Powszechne jest zastrzeżenie, że wiele głosów jest takich, że jeśli Pan Kryszna jest Bogiem, to dlaczego rodzi się jak zwykły człowiek? Sam Lord Krishna daje odpowiedź w Bhagawad Gita. Pan mówi, że Jego pojawienie się, narodziny i działalność są transcendentne i że ten, kto je rozumie, staje się natychmiast uprawniony do przeniesienia do świata duchowego. Jego wygląd lub narodziny nie są podobne do wyglądu zwykłego człowieka, który jest zmuszony do przyjęcia materialnego ciała zgodnie z jego przeszłymi czynami. Pojawia się z własnej, słodkiej przyjemności. Srimad Bhagavatam [hiperłącze] zapisuje, że gdy czas dojrzewał do pojawienia się Pana, konstelacje na niebie stały się bardzo pomyślne. Astrologia jest bonafide Wedyjska nauka i kompetentny astrolog wedyjski może dokonać przepowiedni o zaćmieniach, nadchodzących wydarzeniach i wpływie gwiazd na przeznaczenie człowieka. W czasie pojawienia się Pana Kryszny, astrologiczny wpływ gwiazdy znanej jako Rohini był dominujący. Gwiazda ta jest uważana za bardzo pomyślną i znajduje się pod bezpośrednim nadzorem Pana Brahma. Zgodnie z wnioskiem astrologicznym, oprócz właściwej sytuacji gwiazd, istnieją również chwile pomyślne i beznadziejne z powodu różnych sytuacji różnych układów planetarnych. W momencie pojawienia się Kryszny systemy planetarne były automatycznie dostosowywane tak, aby wszystko stało się pomyślne.

O Krysznie

Kryszna jest odwieczną formą najwyższej osobowości boga z pełną potęgą i całą mocą.

Kryszna jest zawsze gotów chronić swoich niestowarzyszonych wielbicieli. Najwyższa Osobowość Boskiej Głowy, przez Jego niewyobrażalną potencję, może pojawić się w jakikolwiek sposób. Nie jest konieczne, aby pojawił się w zwykły sposób, przez iniekcję nasienia w łonie kobiety. Srila Prabhupada mówi w związku z tym: "Kryszna jest w twoim sercu, On jest wszędzie, więc może pojawić się z każdego miejsca. Tak jak słońce wschodzi od strony wschodniej. To nie znaczy, że Wschodnia Strona jest matką słońca".

Kriszna, Najwyższa Osobowość Boskiej Głowy jest twórcą i opiekunem tej kosmicznej manifestacji.

Pochodzenie Kryszny

Powszechne jest zastrzeżenie, że wiele głosów jest takich, że jeśli Pan Kryszna jest Bogiem, to dlaczego rodzi się jak zwykły człowiek? Sam Lord Krishna daje odpowiedź w Bhagawad Gita. Pan mówi, że Jego pojawienie się, narodziny i działalność są transcendentne i że ten, kto je rozumie, staje się natychmiast uprawniony do przeniesienia do świata duchowego. Jego wygląd lub narodziny nie są podobne do wyglądu zwykłego człowieka, który jest zmuszony do przyjęcia materialnego ciała zgodnie z jego przeszłymi czynami. Pojawia się z własnej, słodkiej przyjemności. Srimad Bhagavatam [hiperłącze] zapisuje, że gdy czas dojrzewał do pojawienia się Pana, konstelacje na niebie stały się bardzo pomyślne. Astrologia jest bonafide Wedyjska nauka i kompetentny astrolog wedyjski może dokonać przepowiedni o zaćmieniach, nadchodzących wydarzeniach i wpływie gwiazd na przeznaczenie człowieka. W czasie pojawienia się Pana Kryszny, astrologiczny wpływ gwiazdy znanej jako Rohini był dominujący. Gwiazda ta jest uważana za bardzo pomyślną i znajduje się pod bezpośrednim nadzorem Pana Brahma. Zgodnie z wnioskiem astrologicznym, oprócz właściwej sytuacji gwiazd, istnieją również chwile pomyślne i beznadziejne z powodu różnych sytuacji różnych układów planetarnych. W momencie pojawienia się Kryszny systemy planetarne były automatycznie dostosowywane tak, aby wszystko stało się pomyślne.

W tym czasie, we wszystkich kierunkach na wschód, zachód, południe, północ, wszędzie panowała atmosfera pokoju i dobrobytu. Rzeki były pełne wody, a jeziora pięknie ozdobione kwiatami lotosu. Lasy były pełne pięknych ptaków i pawi. Wszystkie ptaki w lasach zaczęły śpiewać słodkimi głosami, a pawie zaczęły tańczyć razem ze swoimi kumplami. Wiatry wiały bardzo przyjemnie, niosąc zapach różnych kwiatów, a uczucie cielesnego dotyku było bardzo przyjemne. W domu bramini, którzy byli przyzwyczajeni do składania ofiar w ogniu, uważali swoje domy za bardzo przyjemne do składania ofiar. Wielcy mędrcy i półbogowie, będąc zadowoleni, zaczęli brać prysznic z kwiatów. Przy brzegu morza słychać było dźwięk łagodnych fal, a nad morzem były chmury na niebie, które zaczęły bardzo przyjemnie grzmieć.

Kiedy rzeczy zostały tak dostosowane, Pan Wisznu, który przebywa w sercu każdej żywej istoty, pojawił się w ciemnościach nocy jako Najwyższa Osobowość Boskiej Głowy przed Devakim, który również

pojawił się jako półbogini. The pojawienie się Wisznu przy ten czas móc the wzrost the pełnia the księżyc nad the wschodni horyzont.
Najwyższa Osobowość Boskiej Głowy, Kryszna, która zawsze jest gotowa chronić swoich nieokrzesanych wielbicieli, weszła do umysłu Wazudewy jako Pan całego stworzenia, z pełną niewyobrażalną mocą. Zrozumiałe jest w związku z tym, że Pan Kryszna najpierw znalazł się w nieznanym sercu Wasudewy, a następnie został przeniesiony do serca Devaki. Nie został wsadzony do łona Devaki przez wydzielinę nasienną. Najwyższa Osobowość Boskiej Głowy, przez Jego niewyobrażalną potencję, może pojawić się w jakikolwiek sposób. Nie jest konieczne, aby pojawił się w zwykły sposób, przez iniekcję nasienia w łonie kobiety. Srila Prabhupada mówi w związku z tym: "Kryszna jest w twoim sercu, On jest wszędzie, więc może pojawić się z każdego miejsca. Tak jak słońce wschodzi od strony wschodniej. To nie znaczy, że wschodnia strona jest matką słońca."
Kiedy Vasudeva utrzymywał formę Najwyższej Osobowości Boskiej Głowy w swoim sercu, pojawił się tak samo jak świecące słońce, którego promienie są zawsze nie do zniesienia i palące dla pospolitego człowieka. Forma Pana, znajdująca się w czystym, niestowarzyszonym sercu Wasudewy, nie różni się od pierwotnej formy Kryszny. Pojawienie się formy Kryszny wszędzie, a szczególnie w sercu, nazywa się Dhama. Dhama odnosi się nie tylko do formy Kryszny, ale także do jego imienia, jego cech i jego akcesoriów. Wszystko przejawia się jednocześnie.
Tak więc wieczna forma Najwyższej Osobowości Godhead z pełną potęgą została przeniesiona z umysłu Vasudevy do umysłu Devaki, dokładnie tak jak promienie zachodzącego słońca przenoszone są w pełni księżyca wschodzącego na wschodzie, nie podlegając żadnym warunkom narodzin zwykłego żywego podmiotu.

Znaczenie Kryszny

Kriszna, Najwyższa Osobowość Boskiej Głowy jest twórcą i opiekunem tej kosmicznej manifestacji. Stworzył ten świat, aby dać zbuntowanym duszom szansę na naprawienie ich mentalności, próbując cieszyć się tym światem niezależnie od Kryszny. Zamiast tego zaprasza nas do korzystania z życia wiecznego i błogości z nim w świecie duchowym. Większość ludzi na tym świecie nie ma pojęcia, kim są, jaki jest cel życia i kim jest Bóg. Ateiści uważają, że nie ma Boga, podczas gdy niektórzy współcześni filozofowie jak Neitsze chcieliby, abyśmy uwierzyli, że Bóg nie żyje!

Ponownie, inni filozofowie, jak średniowieczni chrześcijańscy filozofowie i naukowcy, tacy jak Leibniz i Newton, wierzyli, że Bóg stworzył wszechświat z zegarkami, który po stworzeniu go bez Jego interwencji. Jeszcze inni znani jako bezosobowcy uważają, że Bóg nie ma formy.
Pojawienie się Pana Kryszny na tej ziemi jest odpowiedzią na wszystkie takie spekulatywne teorie o Bogu.
Lord Kriszna jest ósmym wcieleniem Mahawisznu. Żadne wcielenie, które zstąpiło na tę ziemię, nie jest tak popularne jak Krisznavatar. Zaskakujące orędzie Pana Kryszny do ludzkości jest dostarczane w postaci Bhagawada Gity, nieśmiertelnej kompozycji, która zawiera ponadczasowe przesłanie dla ludzkości. Kryszna jest uważana za zbawiciela ludzkości i zbawiciela wszystkich cierpień. Oto zbiór mantry Lorda Kryszny z ich znaczeniem, które mogą przynieść ogromne korzyści śpiewakom.

Sri Krishna maha mantra

"Hare Krsna Hare Krsna Krsna Krsna Hare Krsna Hare Krsna Hare
Rama Rama Rama Rama Rama Rama Rama Rama Rama Rama Rama Hare
Hare"

To znaczy:

Ta mantra chwali dwa wcielenia Pana Wisznu, mianowicie Pana Krysznę i Pana Rama. Chwała Panu Vasudevie, który jest ostatecznym wybawcą ludzkości.

Mantra Krishna bhakti

"Jai Shri Krsna Chaitanya Prabhu Nityanand".
Shri Advaita Gadadhar Srivasadi Gaur Bhakta Vrinda".

To znaczy:

Ta mantra wymienia kilku wielkich wielbicieli Pana Kryszny i powołuje się na ich błogosławieństwa.

Krysznasztakam -1

"Vasudeva Sutam Devam kamsa Chanura mardhanam
Devaki Paramanandam Krishnam Vande Jagat Gurum".

To znaczy:

Na syna Wasudewy, jesteś najpotężniejszym lordem, który zniszczył demony Kamsę i Chanura. Dałeś ostateczną radość Matce Devaki i chwalimy Cię Kryszna jako Pana Wszechświata. Pozdrawiamy cię Panie Wasudewie.

Krysznasztakam -2

"Athasee pushpa sangasam Hara noopura Shobitham".
Rathna kankana keyuram Krishnam Vande Jagat Gurum".

To znaczy:

Pan dekoruje się kwiatami Athasee. Błyszczy wspaniałymi wiankami i kostkami. Jego prawe ręce noszą bransolety z klejnotów. Salutujemy lordowi Vasudevie.

Krysznasztakam -3

"Kutilalaka samyuktham Poorna Chandra nibhananam
Vilasath kundala dharam Krishnam Vande Jagat Gurum".

To znaczy:

Pan ma ciemne kręcone włosy i twarz podobną do pełni księżyca. Jego krople w uszach błyszczą wspaniale. Pozdrowienia są dla niego.

Krysznasztakam -4

"Mandhara gandha samyuktham Charuhasam chathurbhujam".
Barhi pinjava choodangam Krishnam Vande Jagat Gurum".

To znaczy:

Pan ma zapach kwiatów Mandary. Jego uśmiech i cztery ramiona są bezkonkurencyjne. Jego włosy są ozdobione pawimi piórami. Pozdrowienia dla lorda Vasudevy.

Jak śpiewać mantry lorda Kryszny

1. Idealnym czasem do śpiewania mantry Kryszna jest Brahma Muhurat między 4 a 6 rano.
2. Weźcie kąpiel wcześnie rano. Weźcie kąpiel i usiądźcie przed zdjęciem lorda Kryszny.
3. Skandować wybraną mantrę wielokrotnością 108 razy zachowując liczenie z Tulsi mala.
4. Zawsze obracaj różaniec na trzech palcach (łącząc mały palec, palec pierścieniowy i środkowy) kciukiem, trzymając jednocześnie podwinięty palec wskazujący. Ruch różańca powinien być w kierunku zgodnym z ruchem wskazówek zegara.

Zalety śpiewu z mantrą Kriszna

1. Usuwa wszelkie zamieszanie i lęki oraz zwiększa zaufanie i odwagę do śpiewaków
2. Pomaga leczyć wszelkiego rodzaju choroby i sprzyja ogólnemu dobrobytowi, stanowi uspokojenia i dobrobytu w gospodarstwie domowym.
3. Rozprasza wszelkiego rodzaju negatywy i wypełnia gospodarstwo domowe pozytywnymi wibracjami.
4. Pogłębia wiedzę i umiejętności studentów, pracowników i biznesmenów, dając szansę na rozwój zawodowy i sukces.

Popularne Mantry, Hymny i cytaty dla Lorda Kryszny

Shri Krishna jako imię oznacza, że to On jest tym, który jest w stanie przyciągnąć wszystkich. Nazwa Krishna oznacza również absolutną prawdę. Jest on ośmioosobowym i najbardziej znanym awatarem Pana

Wisznu, który jest symbolizowany jako najlepszy przykład prawdy, miłości, dharmy i odwagi.

Oto niektóre z najpopularniejszych mantr Śri Kryszny, używanych przez wyznawców na całym świecie.

1. Mantra Moola

Om Krishnaya Namaha

To znaczy: Pozdrowienia dla Pana Kryszny

2. Krishna Gayatri Mantra: Ta mantra wnosi dużą energię do działań i sukcesów w pracy.

Aum

Devkinandanaye Vidmahe

Vasudevaye Dhi-Mahi

Tan No Krishna Prachodayat

Aum

3. Sri Krishna Ashtakam

Vasudeva Sutham Devam Kamsa Chaanoora Mardhanam |

Devaki Paramaanandham Krishnam Vande' Jagathgurum ||

Adhasee Pushpa Sankaasam Haara Noopura Sobhitham |

Rathna Kangana keyooram Krishnam Vandhe' Jagathgurum ||

Kutilaalaka Samyuktham Poorna Chandra Nibhaananam |

Vilasath Kundala tharam Krishnam Vandhe' Jagathgurum ||

Mandhara Gandha Samyuktham Chaaru-haasam Chathur-bhujam; |

Parhipinjaa Vasoodaangam Krishnam Vandhe' Jagathgurum ||

Uthpulla Padma Patraksham Nilajimutha Sannibham. |

Yaadhavaanaam Sirorathnam Krishnam Vandhe' Jagathgurum ||

Rukmini Ke'li Samyuktham, Peethambara Su Sobitham; |

Avaaptha Thulasi Gaandharam, Krishnam Vande Jagathgurum. ||

Gopikaanaam Kusathvanthva Kunkumaangitha Vakshasam |

Srinike'tham Maheshvaasam Krishnam Vandhe' Jagathgurum ||

Srivatsaankam, Mahoraskam, Vana Maala Virayitham; |

Sanka Chakra Dharam, Devam, Krishnam Vande Jagathgurum. ||

Krishnaashtakam itham Punyam Praatha Ruththaaya Ya:pade'th|

Ko'ti Janma Krutham Papam Smaranaath Thasya Nachyathi. ||

4. Imię Mantra Lorda Kryszny

Shri Keshvay namah, Naraynay namah, Madhvay namah,

Govinday namah, Vishnve namah, Madhusudnay namah,

Trivikramay namah, Vamnay namah, Shridhray namah,

Hrshikeshay namah, Padhanabhay namah, Damodaray namah,

Sankrshnay namah, Vasudevay namah, Prdyumnay namah,

Aniruddhay namah, Purushottmay namah, Adhoxjay namah,

Narsinhay namah, Achyutay namah, Janardnay namah,

Upendray namah, Haraye namah, Shri Krishnay namah.

5. Shri Krishna Aarti

Aarti Yugal Kishor ki Kijai,

Radhe Tan Man dhan nyochhavar kijaii.

Ravi shashi koti badan ki shobha,

Tahi nirakh mera man lobha.

Gaur Shyam mukh nirkhat rijhai,

Prabhu ko rup nayan bhar pijai.

Kanchan thar kapur ki bati,

Hari aye nirmal bhai chhati.

Phulan ki sej phulan ki mala,

Ratna sinhasan przynęta Nandlala.

Mor mukut kar murli sohai,

Natwar vesh dekh manmohe.

Oddhe peet neel pat sari,

Kunj Bihari Girvardhari.

Shri Purshottam Girvar dhari,

Arti karat sakal Brajanari.

Nandnandan Vnishabhanu Kishori,

Parmanand svami avichal jori.

6. Hare Krishna Maha-Mantra: Jest to 16 słowna mantra Vaishnava, najsłynniejsza mantra Lorda Kryszny, która po raz pierwszy pojawiła się w Upaniszad Kali-Santarana.

Hare Krishna, Hare Krishna,

Krishna Krishna, Zając.

Hare Rama, Hare Rama,

Rama Rama, Hare Hare

7. Shree Radha Krishna Stuti

Kararawinda Na Padaravindam

Mukharavinde Viniveshayantam

Vatasya Patrasya Pute Shayanam

Balam Mukundam Manasa Smarami

To znaczy: Pamiętam Pana w jego dziecięcej postaci (Mukunda), który śpi w liściach Banyan. On jest tym, który stawia swoje stopy życia lotosu do ust, z pomocą swoich rąk.

Achyutam Keshavam Rama Narayanam

Krishna Daamodaram Vasudevam Harim

Shridharam Maadhavam Raamachandram Bhaje

Jaanki Naayakam Raamachandram Bhaje

To znaczy: Śpiewam pochwały Ramczandrze, która jest znana jako Achyuta (nieomylna), Keshav, Raam, Narayan, Krishna, Damodara,

Vasudeva, Hari, Shridhara (posiadająca Lakshmi), Madhava, Gopikavallabha (Najdroższa Gopika), i Janakinayaka (Pan Janaki lub Sita).

Achyutam Keshavam Satyabhaa Maadhavam

Maadhavam Shridaram Radhika Radhikam

Indira Mandriram Chetasaa Sundaram

Devaki Nandanam Nandanam Sandadhe

To znaczy: Pozdrawiam Achyutę, który jest znany jako Keshav, który jest konsorcjum Satyabhama. Znany jest również jako Madhav i Shridhar, za którym tęskni Radhika, który jest jak świątynia Lakshmi (Indira), która jest piękna w sercu. On jest synem Devaki'ego, który jest Kochanym ze wszystkich.

Tapta-Kanchana-Gaurangi Radhe

Vrindavaneshvari Vrishabhanu-Sute Devi

Pranamami Hari-Priye

To znaczy: Oddaję swój szacunek Shri Radha rani, który ma stopioną złotą karnację. O Bogini, Ty jesteś królową Wrindavany, córką króla Wriszabanu, i jesteś bardzo droga lordowi Krysznie.

Goloka-Vasini Gopi

Gopisha Gopa-Matrika

Sananda Paramananda

Nanda-Nandana-Kamini

To znaczy: Radha rani jest mieszkańcem Goloka, znanym jako Vrindavan, i jest kowbojką. Jest królową gopisu i boską matką kowbojów. Jest radosna i zawsze doświadcza najwyższego błogosławieństwa. Podżega do silnych pragnień w sercu syna Nandy (lorda Kryszny).

8. Sree Krishna Stuthi - Sandhyanaamam: To stuti jest napisane przez słynnego wielbiciela Poothanama, chwalącego pana Krysznę.

Anjana Sreedhara Charumoorthe Krishna

Anjali Koopi Vanangidunnen

Aananda Alangara Vaasudeva Krishna

Aathangam Ellam Akattidene

Indiranadha Jagannivasa Krishna,

Innende Munnil Vilangidene

Erezhulaginum Ekanaadha Krishna,

Eeranju Dikkum Niranja Roopa

Unni Gopala Kamalanethra Krishna,

Ullil Nee Vannu Vilangidene

Oozhiyil Vannu Piranna Naadha Krishna,

Oonam Koodathe Thunachidene

Ennulilulloru Taapamellam Krishna,

Ennunikanna Shamipickene

Edalalar Banannu Thulyamurthe Krishna,

Ereeyamodhena Kaithozhunnen

Aithikamaakum Sukhathilaho Krishna

Ayyo Enikkoru Mohamille

Ottalla Kauthugamantharange Krishna

Omalthirumeni Bhangikaanaan

Odakkuzhalvili Melamode Krishna,

Odivarigende Gopabaala

Oudharyakomala Kelisheela Krishna,

Oupamyamilla Gunangalkethum

Ambujalochana Ninpaada Pankajam,

Ambodu Njaanidaa Koombidunnen

Athyanda Sundara Nandasuno Krishna,

Atthal Kalanjenne Paalikkene

Krishna Mukilvarna, Vrushnee Kuleshwara,

Krishnambujekshana Kaithozhunnen

Krishna Hare Jaya, Krishna Hare Jaya, Krishna Hare Jaya, Krishna Hare...

To znaczy: Salutuję ci, ładna Kryszna, która jest czarna i nosi Lakszmi

Ze złożonymi rękami,

Hej szczęśliwy Krishna, który jest ozdobiony. Znany jest również jako Vasudeva,

Z przyjemnością zabiorę wszystkie moje smutki.

Hej Kryszna, która przewodniczy całemu wszechświatowi i która jest konsorcjantem Lakszmi,

Proszę stawić się przede mną,

Hej Kryszna, który jest jedynym panem z czternastu światów,

To ty jesteś tym, który wypełnia wszystkie dziesięć kierunków,

Oh lotos oglądał Krysznę, która jest małym krowim stadem,

Ciesz się, że przychodzisz i żyjesz we mnie,

Oh Krishna, która urodziła się na tej ziemi,

Proszę, pomóż mi żyć bez żadnych problemów.

Oh Krishna, powinieneś ugasić szał,

Problemy mojego serca, o mój mały Krishna,

Oh Krishna, który jest równy wielkiemu Banasura,

Salutuję ci z największym szczęściem.

Oh Krishna, nie mam żadnych chęci,

I niestety nie mam żadnych chęci,

I Oh Krishna ciekawość we mnie jest wielka,

Aby zobaczyć piękno twojego ciała, Oh Krishna

Oh Krishna, wraz z muzyką twojego fletu z uderzeniami perkusji,

Chłopcze tchórze, proszę, biegnij do mnie,

O ładna i charytatywna Krishna, która jest zabawna,

Nie ma żadnego porównania dla twoich cech.

Salutuję twojemu lotosowi jak stopy z miłością do ciebie,

O Panie z lotosem jak oczy,

Oh najładniejsza, Ok Krishna, oh syn Nandy,

Proszę odsunąć moje problemy i zająć się mną.

Oh chmura kolorowa Krishna, Oh gwiazda klanu Vrushnees,

Oh Krishna z lotosem jak oczy, salutuję ci,

Zwycięstwo dla Kryszny, która jest hari, Zwycięstwo dla Kryszny, która jest Hari,

The Bhagavad Gita

Pomnik Arjuna i Lorda Kryszny, z Kryszną jako sarathi lub charioterem.

Kryszna wystawia swoje Vishvarupa (Forma Uniwersalna) Arjunie na polu bitwy Kurukshetra.

Kiedy wojna została wypowiedziana i obie armie stanęły naprzeciwko siebie, Arjuna zdał sobie sprawę, że będzie musiał zabić swojego drogiego wuja (Bhishma), na którego kolanach bawił się jako dziecko i jego szanowanego nauczyciela (Drona), który trzymał go za rękę i uczył jak trzymać łuk i strzałę, czyniąc go największym łucznikiem na świecie. Arjuna czuł się słaby i chory na perspektywę zabicia całej swojej rodziny, w tym 100 kuzynów i przyjaciół, takich jak Ashwatthama. Zdezorientowany i zdezorientowany, co jest dobre, a co złe, Arjuna zwrócił się do Kryszny o boskie rady i nauki. Kryszna, którego Arjuna wybrał na swego rydwana, doradził mu w kwestii obowiązku. Ta rozmowa tworzy Bhagavad Gita, jeden z najbardziej szanowanych tekstów religijnych i filozoficznych w religii hinduskiej. Kryszna poucza Ardżunę, aby nie poddawał się degradującej impotencji i nie walczył ze swoimi bliskimi, ponieważ była to jedyna droga do sprawiedliwości. Przypomniał mu również, że była to wojna pomiędzy sprawiedliwością a niesprawiedliwością (dharmą i adharmą) i obowiązkiem Arjuna było zabić każdego, kto popierał sprawę niesprawiedliwości, czyli grzech. Następnie Kryszna objawił swoją boską postać i wyjaśnił, że rodzi się na ziemi w każdym eonie, kiedy zło podnosi głowę. Stanowi on również jeden z najważniejszych traktatów dotyczących kilku aspektów jogi i wiedzy mistycznej.

Zanim rozpoczęła się bitwa, Yudhishthira zrobiła coś nieoczekiwanego. Nagle upuścił broń, zdjął pancerz i zaczął iść w kierunku armii kaurawskich ze złożonymi rękami w modlitwie. Bracia Pandava i Kauravowie patrzyli z niedowierzaniem, myśląc, że Yudhishthira poddaje się przed oddaniem pierwszej strzały. Cel Yudhishthira stał się jednak jasny, gdy upadł na nogi Bhishmy, by szukać jego błogosławieństwa dla sukcesu w walce. Bhishma, dziadek Pandavas i Kauravas, pobłogosławił Yudhishthira. Yudhishthira wrócił do swojego rydwanu i bitwa była gotowa do rozpoczęcia.

Dzień 1

Kiedy bitwa została rozpoczęta, Arjuna stworzył formację Vajra, a Bhishma przeszedł przez formację Pandava, siejąc spustoszenie gdziekolwiek się udał, ale Abhimanyu, syn Arjuna, widząc to, poszedł prosto na Bhishmę, pokonał swoich ochroniarzy i bezpośrednio zaatakował dowódcę sił Kaurava. Jednak młody wojownik nie mógł dorównać waleczności Bhishmy i został pokonany. Pandavas poniósł ciężkie straty i został pokonany pod koniec pierwszego dnia. Synowie Viraty, Uttara i Sweta, zostali zabici przez Shalya i Bhishmę. Kryszna pocieszał zrozpaczonego Yudhishthira mówiąc, że ostatecznie zwycięstwo będzie jego.

Dzień 2

Drugi dzień wojny rozpoczął się od pewnego siebie wojska Kaurawskiego, które stanęło przed Pandavami. Arjuna, zdając sobie sprawę, że trzeba szybko coś zrobić, aby odwrócić straty Pandavy, postanowił, że musi spróbować zabić Bhishmę. Krishna umiejętnie zlokalizował rydwan Bhishmy i skierował Arjunę w jego stronę. Arjuna próbował zaangażować Bhishmę w pojedynku, ale żołnierze Kaurawy umieścili kordon wokół Bhishmy, aby go chronić i zaatakowali Arjunę, aby zapobiec bezpośredniemu zaangażowaniu Bhishmy. Arjuna i Bhishma stoczyli zaciętą walkę, która trwała godzinami. Drona i Dhrishtadyumna podobnie zaangażowali się w pojedynek, w którym Drona pokonał Dhrishtadyumnę. Bhima interweniowała i uratowała Dhrishtadyumnę. Duryodhana wysłał wojska Kalingi do ataku na Bhimę i większość z nich, w tym król Kalingi, straciła życie z jego rąk. Bhishma natychmiast przyjechała, by uwolnić zmiażdżone siły Kalingi. Satyaki, która asystowała Bhimie, strzelała do rydwanu Bhishmy i zabiła go. Konie Bhishmy, nie mając nikogo, kto by je kontrolował, zaryglowały przenoszenie Bhishmy z pola walki. Pod koniec drugiego dnia armia kaurawska poniosła ogromne straty i została uznana za pokonaną.

Dzień 3

Pomnik Arjuna Wijaya w środkowej Dżakarcie przedstawiający Kryszną i Arjunę na rydwanie.

Trzeciego dnia Bhishma ułożył siły Kauravy w formację orła z samym sobą prowadzącym od przodu, podczas gdy siły Duryodhany chroniły tył. Bhishma chciała być pewna, że unikniemy wszelkich nieszczęść. Pandavas przeciwdziałał temu, używając formacji półksiężycowej z Bhimą i Arjuną na czele odpowiednio prawego i lewego rogu. Kauravowie skoncentrowali swój atak na pozycji Arjuna. Rydwan Arjuna wkrótce został pokryty strzałami i oszczepami. Arjuna, z niesamowitymi umiejętnościami, zbudował fortyfikację wokół swojego rydwanu z niekończącym się strumieniem strzał z jego łuku. Abhimanyu i Satyaki połączyli się, by pokonać siły Gandhary Shakuni. Bhima i jego syn Ghatotkacha zaatakowali Duryodhanę na tyłach. Strzały Bhimy uderzyły w Duryodhanę, która zemdlała w jego rydwanie. Jego rydwan natychmiast wyprowadził ich z niebezpieczeństwa. Siły Duryodhany widziały jednak, jak ich przywódca ucieka z pola walki i wkrótce się rozproszyły. Bhishma szybko przywróciła porządek i Duryodhana wróciła, by poprowadzić armię. Był jednak zły na Bhishmę, na to, co postrzegał jako pobłażliwość wobec pięciu braci Pandava i mówił surowo do swojego dowódcy. Bhishma, użądlona przez ten niesprawiedliwy zarzut, z nową energią spadła na armię Pandavy. To było tak, jakby na polu było więcej niż jedna Bhishma.

Arjuna zaatakował Bhishmę próbując przywrócić porządek. Arjuna i Bhishma ponownie zaangażowali się w zacięty pojedynek, jednak serce Arjuna nie było w walce, ponieważ nie podobał mu się pomysł zaatakowania swojego wnuka. Podczas bitwy Bhishma zabił wielu żołnierzy armii Arjuna.

Dzień 4

Czwarty dzień bitwy został odnotowany za męstwo okazane przez Bhimę. Bhishma rozkazał armii Kauravy ruszyć do ofensywy od samego początku. Podczas gdy Abhimanyu był jeszcze w łonie matki, Arjuna nauczył Abhimanyu, jak złamać i wejść do czakry vyuha. Ale, przed wyjaśnieniem, jak wyjść z czakry Vyuha, Arjuna został przerwany przez Krishna (inna historia jest, że matka Abhimanyu zasypia, podczas gdy Arjuna był wyjaśnienie czakry vyuha strategii wyjścia). Tak więc od urodzenia, Abhimanyu tylko wiedział jak wejść do Czakra vyuha, ale nie wiedział jak z niego wyjść. Kiedy Kaurawarowie utworzyli czakrawę, wszedł do niej Abhimaniusz, ale został otoczony i zaatakowany przez kilku kaurowskich książąt. Arjuna dołączył do walki na rzecz Abhimanyu. Bhima pojawił się na scenie z podniesioną buzdyganką i zaczął atakować Kauravów. Duryodhana wysłała wielką siłę słoni w Bhimie. Kiedy Bhima zobaczył zbliżającą się masę słoni, zszedł ze swojego rydwanu i zaatakował je samotnie żelazną buzdyganką. Rozproszyli się i wbili w siły Kauravy, zabijając wielu. Duryodhana nakazał atak na Bhimę. Bhima wytrzymał wszystko, co na niego zrzucono i zaatakował braci Duryodhana, zabijając ośmiu z nich. Bhima został wkrótce uderzony strzałą z Dushasany, drugiego co do wielkości Kaurawy, na piersi i usiadł w swoim rydwanie oszołomiony.

Duryodhana był zrozpaczony stratą swoich braci. Duryodhana, przytłoczony smutkiem z powodu straty swoich braci, udał się do Bhishmy pod koniec czwartego dnia walki i zapytał swojego dowódcę, jak Pandavas, stojąc w obliczu przeważającej siły przeciwko nim, może jeszcze zwyciężyć i wygrać. Bhishma odpowiedział, że Pandavas miał po swojej stronie sprawiedliwość i doradził Duryodhanie, aby szukał pokoju.

Dzień 5

Gdy bitwa została wznowiona piątego dnia, rzeź trwała dalej. Armia Pandava znów ucierpiała na atakach Bhishmy. Satyaki poniosła ciężar ataków Drony i nie mogła ich wytrzymać. Bhima przejechała obok i uratowała Satyaki. Arjuna walczył i zabił tysiące żołnierzy wysłanych przez Duryodhanę, by go zaatakować. Bhima zaangażowała się w zacięty pojedynek z Bhishmą, który pozostał nierozstrzygnięty. Drupada i jego syn Shikandi pojechali na pomoc Bhimie w walce z Bishmą, ale zostali zatrzymani przez Vikarnę, jednego z braci Duryodhany, który zaatakował ich swoimi strzałami, raniąc źle ojca i syna. Niewyobrażalna masakra trwała w kolejnych dniach walki.

Dzień 6

Szósty dzień był naznaczony cudowną rzeźnią. Drona spowodował niezmierzone straty w życiu po stronie Pandavy. Formacje obu armii zostały rozbite. Bhima zdołała jednak przeniknąć do formacji Kaurava i zaatakować Duryodhanę. Duryodhana została pokonana, ale została uratowana przez innych. Upapandavas (synowie Draupadi) walczyli z Ashwathamą i zniszczyli jego rydwan. Dzień walki zakończył się porażką Kauravów.

Dzień 7

Siódmego dnia, Drona zabił Shanka, syna Virata. Straszliwa masakra trwała nadal, a dzień walki zakończył się zwycięstwem Kauravów.

Dzień 8

8 dnia, Bhima zabiła 17 synów Dhritarashtry. Iravan, syn Arjuna i wężowa księżniczka Ulupi zabili 5 braci Shakuni, książąt pochodzących z Gandhary. Duryodhana wysłał myśliwiec Rakshasa Alamvusha, aby zabił Iravana, a ten ostatni został zabity przez Rakshasę po zaciętej walce. Dzień zakończył się miażdżącą porażką Kauravów.

Dzień 9

Dziewiątego dnia, Kryszna, przytłoczony gniewem z powodu widocznej niezdolności Arjuna do pokonania Biszmy, popędził w kierunku dowódcy Kaurawy, skacząc wściekle z rydwanu, biorąc w ręce koło upadłego rydwanu.Zgodnie z niektórymi tekstami, Bhishma próbował jednak zaatakować krysznę swoimi strzałami, gdy cały kosmos odpoczywa i nadchodzi czas na bhishmę, zgodnie z instrukcjami jego matki gangi, aby nauczyć się prawdziwej dharmy, gdzie kryszna objawia go jako "SUPREME PARABRAHMAN", po czym bhishma złożył broń i stał gotowy umrzeć z rąk Pana, lecz Arjuna zatrzymał go, przypominając o jego obietnicy, aby nie dzierżyć broni. Zdając sobie sprawę, że wojny nie da się wygrać tak długo, jak Bhishma stoi, Kryszna zaproponował strategię umieszczenia eunucha w polu walki, aby stawić mu czoła. Niektóre źródła podają jednak, że to Yudhishthira odwiedził obóz Bhishmy w nocy, prosząc go o pomoc. Do tego Bhishma powiedział, że nie będzie walczył z eunuchem.

Dzień 10

Bhishma na łożu śmierci strzał, z kolekcji Instytutu Smithsona

Dziesiątego dnia, Pandavas, nie mogąc wytrzymać waleczności Bhishmy, postanowił postawić przed Bishmą Shikhandi, który był kobietą w poprzednim życiu, ponieważ Bhishma złożył przysięgę, że nie zaatakuje kobiety. Strzały Shikhandi'ego spadły na Bhishmę bez przeszkód. Arjuna ustawił się za Shikhandi, chroniąc się przed atakiem Bhishmy i wycelował swoje strzały w słabe punkty pancerza Bhishmy. Wkrótce, ze strzałami wystającymi z każdej części jego ciała, wielki wojownik spadł ze swojego rydwanu. Jego ciało nie dotykało ziemi, ponieważ było trzymane z dala od strzał wystających z jego ciała.

Kauravas i Pandavas zebrali się wokół Bhishmy i na jego prośbę Arjuna umieścił trzy strzały pod głową Bhishmy, aby ją wesprzeć. Bhishma obiecał swojemu ojcu, królowi Shantanu, że będzie żył do czasu, aż Hastinapur zostanie zabezpieczony ze wszystkich stron. Aby dotrzymać tej obietnicy, Bhishma użył dobrodziejstwa "Ichcha Mrityu" (samozwańczej śmierci), które dał mu ojciec. Po zakończeniu wojny, kiedy Hastinapur stał się bezpieczny ze wszystkich stron i po udzieleniu lekcji polityki i Wisznu Sahasranama Pandavom, Bhishma zmarł pierwszego dnia Uttarayany.

Dzień 11

Z Bhishmą nie mogącą kontynuować, Karna weszła na pole bitwy, ku radości Duryodhany. Uczynił Dronę najwyższym dowódcą sił Kaurawskich, zgodnie z sugestią Drony. Duryodhana chciał schwytać Yudhishthirę żywcem. Zabicie Yudhishthira w walce tylko bardziej rozgniewałoby Pandavów, podczas gdy przetrzymywanie go jako zakładnika byłoby strategicznie użyteczne. Drona sformułował swoje plany walki na jedenasty dzień do tego celu. Obciął łuk Yudhishthirze i armia Pandavy obawiała się, że ich przywódca zostanie wzięty do niewoli. Arjuna popędził jednak na scenę i powodzią strzał powstrzymał Dronę.

Dzień 12

Próba schwytania Yudhishthira udaremniła, Drona zwierzył się Duryodhanie, że będzie to trudne tak długo, jak długo Arjuna będzie w pobliżu. Rozkazał więc Samsaptakom (wojownikom z Trigarty na czele z Susharmą, którzy przysięgli albo zdobyć, albo zginąć), aby zajęli Arjunę w odległej części pola walki, rozkaz, którego chętnie przestrzegali, ze względu na ich dawną wrogość wobec zrazy Pandavy. Jednak Ardżuna zdołał ich pokonać przed południem, a następnie zmierzył się z Bhagadattą, władcą Pragijotiszy (współczesny Assam, Indie), który siał spustoszenie wśród oddziałów Pandawy, pokonując wielkich wojowników takich jak Bhima, Abhimanyu i Satyaki. Bhagadatta walczył z Arjuną na swoim gigantycznym słoniu o imieniu Supratika. Arjuna i Bhagadatta stoczyli zacięty pojedynek, a w końcu Arjunie udało się pokonać i zabić swojego antagonistę. Drona kontynuował swoje próby schwytania Yudhishthiry. Jednak Pandavowie ciężko walczyli i zadawali ciężkie ciosy armii Kauravy, frustrując plany Drony. Nakula zabija syna Shakuni'ego, Ulukę.

Dzień 13

Trzynastego dnia Drona ułożył swoje wojska w formacji Chakra/Padma/Kamala, bardzo złożonej i prawie nieprzeniknionej. Jego cel pozostał ten sam, to znaczy schwytanie Yudhishthira. Wśród Pandavów tylko Arjuna i Kryszna wiedzieli, jak przeniknąć do tej formacji, a aby im w tym przeszkodzić, Samsaptakowie pod wodzą Susharmy ponownie rzucili Arjunie wyzwanie i przez cały dzień byli zajęci w odległej części pola walki. Arjuna zabił tysiące Samsaptakasów, ale nie mógł ich wszystkich wytępić.

Po drugiej stronie pola bitwy, pozostali czterej Pandavowie i ich sojusznicy nie mogli złamać formacji Czakramu Drony. Yudhishthira poinstruował, Abhimanyu, syna Arjuna i Subhadry, aby przerwać formację Czakra/Padma. Abhimanyu znał strategię wejścia do formacji Chakra, ale nie wiedział jak z niej wyjść. Więc, bohaterowie Pandavy poszli za nim, by chronić go przed potencjalnym niebezpieczeństwem. Jak tylko jednak Abhimanyu wszedł do formacji, król Jayadratha zatrzymał wojowników z Pandywy. Trzymał nad zatoką całą armię Pandavy, dzięki dobrodziejstwu otrzymanemu od lorda Sziwy, i pokonał Bhimę i Satyaki.

Wewnątrz formacji Chakra/Kamala, Abhimanyu zabił dziesiątki tysięcy wojowników. Niektóre z nich to Wrihadvala (władca Kosali), władca Asmaki, Martikavata (syn Kritavarmy), Rukmaratha (syn Szałji), młodszy brat Szałji, Lakshmana (syn Duryodhany) i wiele innych. Udało mu się również pokonać wielkich wojowników takich jak Drona, Ashwatthama, Kritavarma i innych.

Stojąc przed perspektywą całkowitego unicestwienia swojej armii, dowódcy Kaurawy opracowali strategię powstrzymania Abhimanyu od dalszego niszczenia swoich sił. Zgodnie z instrukcją Drony, sześciu wojowników zaatakowało razem Abhimanyu (wśród wojowników był sam Drona, Karna, Kripa i Kritavarma) i pozbawiło Abhimanyu jego rydwan, łuk, miecz i tarczę. Abhimanyu, zdeterminowany do walki, podniósł buzdygan, rozbił rydwan Ashwatthmy (na którym ten ostatni uciekł), zabił jednego z braci Shakuni oraz liczne wojska i słonie, a w końcu spotkał syna Dussasany w walce na buzdygan. Ten ostatni był silnym buzdygankiem, a wyczerpany Abhimanyu został pokonany i zabity przez swojego przeciwnika. [25]

Po dowiedzeniu się o śmierci syna, Arjuna przysięgał zabić Jayadratha jutro, zanim bitwa zakończy się o zachodzie słońca, w przeciwnym razie rzuci się w ogień.

Dzień 14

Arjuna zabija Jayadratha

Karna zabija Ghatotkacha

Szukając Jayadratha na polu bitwy, Arjuna zabił akshauhini (formacja bojowa składająca się z 21.870 rydwanów (sanskrycki ratha); 21.870 słoni; 65.610 kawalerii i 109.350 piechoty) żołnierzy Kaurawa. Przez fabułę Shakuniego Duryodhana ukrył Jayadratha w swoim obozie, tak jakby Arjuna nie zabił Jayadratha, sam wszedłby do ognia zgodnie z jego ślubowaniem, które ułatwiłoby Kauravom wojnę. Lord Kryszna udaje zachód słońca używając swojego sudarszańskiego czakramu i wszystkich

obelg Kauravów i śmieje się z Arjuna pamiętając o jego przysiędze, że pójdzie w ogień, jeśli nie uda mu się zabić Jayadratha. Arjuna po prostu mówi do Kryszny "To musiało być twoje życzenie Madhav" i zaczyna iść w kierunku ognia. I jayadrath wiedząc, że zachód słońca jest informowany przez żołnierzy startuje do Kurukshetra, aby zabić Arjuna. Ale wkrótce Shakuni dowiaduje się o działce Kryszny i wraca do Duryodhana Jednak Jayadrath wraca na pole bitwy, gdzie Shakuni ujawnia, że to tylko działka Kryszny. i Pan Kryszna usuwa czakrę usuwając środowisko zachodzącego słońca. Jayadrath ostrzega Arjunę, że jeśli jego głowa spadnie na ziemię z powodu ukłonu, to i on zostanie zwolniony przez ojca z powodu jego dobrodziejstwa. Arjuna używa "PASHUPATHSTRA" nabytej od Lorda Sziwy, aby nieść głowę Jayadratha do ojca, co prowadzi do jego własnej śmierci. Wielu maharatystów, w tym Drona, Karna próbuje chronić jayadratha, ale nie udaje się tego zrobić. Arjun ostrzega, że każdy, kto popierał adharmę, zostanie zabity w tej wojnie w tak żałosny sposób.
Podczas gdy Arjuna zniszczył resztę Shakatavuyha, Vikarna, trzecią najstarszą Kaurawę, i rzucił Arjunie wyzwanie do walki z łucznictwem. Arjuna poprosił Bhimę o zdziesiątkowanie Vikarny, ale Bhima odmówił, ponieważ Vikarna broniła Pandavów podczas Draupadi Vastrapaharanam. Bhima i Vikarna rzucały w siebie strzałami. Potem Bhima rzucił buzdygankiem w Vikarnę, zabijając go. Muskularna Pandava była zdruzgotana i opłakiwała jego śmierć, mówiąc, że jest człowiekiem Dharmy i szkoda było, że żył swoim życiem. Drona zabił Vrihatkshatrę, władcę Kekaya i Dhrishtakethu, władcę Chedi.
Bitwa trwała po zachodzie słońca. Syn Dushasany, Durmashana, został zabity przez Prativindya, najstarszego syna Draupadi i Yudishtira, w pojedynku. Gdy the jaskrawy księżyc wzrastać, Ghatotkacha, the rakshasa syn Bhima, zabijać liczny wojownik, jak Alambusha i Alayudha atakować podczas gdy latać w the powietrze. Karna stać przeciw i oba walczyć zaciekle until Karna uwalniać the Shakti, boski broń dawać Indra. Ghatotkacha zwiększył swój rozmiar i padł martwy na armię Kaurawa, zabijając Akshauhini z nich.
Dzień 15
Po tym jak król Drupada i król Virata zostali zabici przez Dronę, Bhima i Dhrishtadyumna walczyli z nim piętnastego dnia. Ponieważ Drona był bardzo potężny i nie do pokonania mając nieodpartą Brahmandę astra, Kryszna zasugerował Yudhishthirze, że Drona oddałby broń, gdyby jego

syn Ashwatthama nie żył. Bhima przystąpiła do zabicia słonia o imieniu Ashwatthama i głośno ogłosiła, że Ashwatthama nie żyje. Drona zbliżył się do Yudhishthira, by szukać prawdy o śmierci syna. Yudhishthira ogłosił Ashwathamę Hatahatha, Naro Va Kunjaro Va, sugerując, że Ashwathama zmarł, ale nie był pewien, czy to syn Drony, czy słoń, Ta ostatnia część jego proklamacji (Naro va Kunjaro va) została zagłuszona przez dźwięk konszy uderzonej celowo przez Krysznę (inna wersja historii jest taka, że Yudhishthira wypowiedział ostatnie słowa tak słabo, że Drona nie mógł usłyszeć słowa słoń). Przed tym wydarzeniem rydwan Yudhishthira, ogłoszony jako Dharma raja (Król Prawości), zawisł kilka cali nad ziemią. Po tym wydarzeniu rydwan wylądował na ziemi, gdy kłamał.

Drona został przygnębiony, i złożył broń. Następnie został zabity przez Dhrishtadyumnę, aby pomścić śmierć ojca i spełnić jego ślubowanie. Później matka Pandavy, Kunti, spotkała się potajemnie z jej opuszczonym synem Karną i poprosiła go, aby oszczędził Pandavów, bo byli jego młodszymi braćmi. Karna obiecał Kunti'emu, że oszczędzi ich oprócz Arjuna, ale dodał też, że nie wystrzeli dwa razy tej samej broni przeciwko Arjunowi.

Dzień 16

Po lewej Karna z Salją jako kierowcą rydwanu, po prawej Arjuna z Kryszną, Cirebon wayang obraz na szkle, Java, Indonezja.

Szesnastego dnia, Karna została mianowana naczelnym dowódcą armii Kuru. Karna walczył dzielnie, ale został otoczony i zaatakowany przez generałów Pandavy, którzy nie byli w stanie go pokonać. Karna zadała ciężkie obrażenia armii Pandavy, która uciekła. Następnie Arjuna z powodzeniem oparł się broni Karny, a także zadał obrażenia armii Kauravy. Słońce wkrótce zaszło i z ciemnością i pyłem utrudniającym ocenę postępowania, armia Kaurava wycofała się na dzień.

Tego samego dnia, Bhima machnął buzdygankiem i rozbił rydwan Dushasany. Bhima chwycił Dushasanę, wyrwał mu prawą rękę z ramienia i zabił go, rozerwał klatkę piersiową i wypił jego krew, a także niósł trochę, by rozmazać na niezwiązanych włosach Draupadiego, wypełniając w ten sposób jego przysięgę złożoną, gdy Draupadi został upokorzony.

Dzień 17

Kriszna ogłaszając koniec wojny Mahabharata przez wysadzenie Pandżadżanyi, Muszli Konczowej.

Siedemnastego dnia, Karna pokonała w walce braci Nakulę, Sahadevę i Yudhishthirę z Pandavy, ale oszczędziła im życia. Później, Karna wznowiła pojedynek z Arjuną. Podczas pojedynku, koło rydwanów Karny utknęło w błocie i Karna poprosiła o przerwę. Kryszna przypomniał Arjunie o bezwzględności Karna do Abhimanyu, podczas gdy on podobnie pozostał bez rydwanu i broni. Słysząc o losie syna, Arjuna wystrzelił strzałę i odciął głowę Karnie. Przed bitwą święta zbroja Karna ("Kavacha") i kolczyki ("Kundala") zostały wzięte jako jałmużna przez Władyka Indrę, gdy poproszono o nie, co spowodowało jego śmierć strzałami Arjuna.

Dzień 18

18 dnia Shalya objął stanowisko dowódcy pozostałych sił Kauravy. Yudhishthira zabił króla Shalya w walce na włóczni, a Sahadeva zabił Shakuni. Zdając sobie sprawę, że został pokonany, Duryodhana uciekł z pola walki i schronił się w jeziorze, gdzie dogonił go Pandavas. Pod nadzorem zwróconej teraz Balaramy miała miejsce bitwa buzdyganowa pomiędzy Bhimą a Duryodhaną. Bhima nie przestrzegał zasad (według instrukcji Kryszny), aby uderzyć Duryodhanę poniżej pasa, w którym został śmiertelnie ranny.

Aszwatthama, Kripacharja i Kritawarma spotkali się z Duryodhaną na jego łożu śmierci i obiecali pomścić działania Bhimy. Później tej nocy zaatakowali obóz Pandavów i zabili całą pozostałą armię Pandavów, w tym ich dzieci. Wśród zmarłych byli Dhrishtadyumna, Shikhandi, Uttamaujas i dzieci Draupadi. Oprócz Pandavów i Kryszny, przetrwały tylko Satyaki i Yuyutsu.

Skutki

Powrót bohaterów zabitych na wojnie po śpiewaniu Vyasa

Pod koniec 18. dnia wojnę przeżyło tylko dwunastu głównych wojowników - pięciu Pandavas, Krishna, Satyaki, Ashwatthama, Kripacharya, Yuyutsu, Vrishakethu i Kritvarma. Yudhishthira został koronowany na króla Hastinapuru. Po 36 latach rządów zrzekł się tronu, przekazując tytuł wnukowi Arjuna, Parikshitowi. Następnie wyjechał do Himalajów z Draupadami i swoimi braćmi. Draupadi i cztery Pandavas-Bhima, Arjuna, Nakula i Sahadeva zginęły podczas podróży. Yudhishthira, samotny ocalały i będący pobożnym sercem, został zaproszony przez Dharmę do wejścia do niebios jako śmiertelnik.

Bhagawad Gita

Z Wikipedii, darmowej encyklopedii

Bhagavad Gita (/ˌbʌɡəvəd ˈɡiːtɑː, -tə/; Sanskryt: भगवद्गीता, IAST: bhagavad-gītā[ˈ,bʱaɡəʊəd̪ ɡiːˈt̪aː] lit. "Pieśń Boże"), często nazywana Gitą, jest 700-stronno-hinduistycznym pismem w sanskrycie, które jest częścią hinduskiego eposu Mahabharata (rozdziały 23-40 szóstej księgi Mahabharaty).

Gita osadzona jest w narracyjnych ramach dialogu między księciem Pandavą Arjuną a jego przewodnikiem i rydwanem Lordem Kryszną. Stojąc przed obowiązkiem walki jako wojownik z prawą wojną Dharma-Judhhaor pomiędzy Pandavasem i Kauravasem, Arjuna jest radzony przez Lorda Krysznę, aby "wypełnił swój obowiązek Kshatriya (wojownika) jako wojownika i ustanowił Dharmę". Wstawiony w tym apelu do kshatriya dharma (rycerstwa) "jest dialogiem ... pomiędzy rozbieżnymi postawami dotyczącymi metod osiągania wyzwolenia (moksha)".

Bhagavad Gita przedstawia syntezę koncepcji Dharmy, teistycznego bhakti, jogicznych ideałów mokshy poprzez dżnanę, bhakti, karmę i radżajogę (o których mowa w 6 rozdziale) i filozofię Samkhya.
Na temat Bhagavad Gita napisano wiele komentarzy o bardzo zróżnicowanych poglądach na temat tego, co najważniejsze. Komentatorzy Vedanty przeczytali w tekście różne relacje pomiędzy Selfem a Brahmanem: Advaita Vedanta postrzega niedualizm Atmana (duszy) i Brahmana jako jego istotę, podczas gdy Bhedabheda i Vishishtadvaita postrzegają Atmana i Brahmana zarówno jako różne i nie różne, a Dvaita postrzega ich jako różne. Ustawienie Gity na polu bitwy zostało zinterpretowane jako alegoria etycznych i moralnych zmagań ludzkiego życia.
Wezwanie Bhagawada Gity do bezinteresownego działania zainspirowało wielu przywódców indyjskiego ruchu niepodległościowego, w tym Bal Gangadhar Tilak i Mahatma Gandhi. Gandhi określił Gitę jako swój "słownik duchowy".

Skład i znaczenie

Brązowy rydwan, przedstawiający dyskurs Kryszny i Arżuny w Kurukshetrze

Autorstwo

Epicki Mahabharata jest tradycyjnie przypisywany Mędrca Wysłowi; Bhagawad Gita, obejmujący rozdziały od dwudziestu pięciu do czterdziestu dwóch Bhishma Parva Mahabharaty, również jest mu przypisywany.

Data powstania

Krishna relacjonuje Gitę z Arjuna

Teorie na temat daty powstania Gity znacznie się różnią. Naukowcy przyjmują daty od V wieku do II wieku p.n.e. jako prawdopodobny zakres. Profesor Jeaneane Fowler, w swoim komentarzu do Gity, uważa drugi wiek p.n.e. za prawdopodobną datę powstania kompozycji. Kashi Nath Upadhyaya, uczony z Gity, na podstawie szacunkowych dat Mahabharaty, sutr Brahma i innych niezależnych źródeł stwierdza, że Bhagavad Gita został skomponowany w V lub IV wieku p.n.e..

Powszechnie uważa się, że "w odróżnieniu od Wedy, która musi być zachowana w doskonałej formie literowej, Gita była dziełem popularnym, którego recytatorzy nieuchronnie dostosowaliby się do zmian językowych i stylistycznych", dlatego też uważa się, że najwcześniejsze "zachowane" elementy tego dynamicznego tekstu nie są starsze od najwcześniejszych "zewnętrznych" odniesień, jakie mamy do eposu Mahabharata, który może zawierać aluzję do gramatyki Panini z IV wieku p.n.e.". Szacuje się, że tekst ten prawdopodobnie osiągnął coś w rodzaju "ostatecznej formy" na początku okresu Gupty (około IV wieku CE). Rzeczywiste daty powstania Gity pozostają nierozwiązane.

Synteza hinduska i smriti

Ze względu na swoją obecność w Mahabharacie, Bhagawad Gita jest klasyfikowany jako tekst Smriti lub "to, co się pamięta". Teksty smriti z okresu od 200 do 100 lat p.n.e. należą do powstającej "syntezy hinduistycznej", głoszącej autorytet Wedy przy jednoczesnej integracji różnych tradycji i religii indyjskich. Akceptacja Wedy stała się głównym kryterium definiowania hinduizmu ponad i przeciwko heterodoxies, które odrzuciły Wedy.

Synteza hinduistyczna" pojawiła się we wczesnym okresie klasycznym (200 BCE - 300 CE) hinduizmu. Według Alf Hiltebeitela, okres konsolidacji w rozwoju hinduizmu nastąpił między czasem późnej Wedycji Upaniszady (około 500 lat p.n.e.) a okresem wzrostu Guptów (około 320-467 lat p.n.e.), który nazywa "syntezą hinduską", "syntezą braminowską" lub "syntezą prawosławną". Rozwijała się ona w interakcji z innymi religiami i narodami:

Wyłaniające się samo-definicje hinduizmu powstały w kontekście ciągłych interakcji z religiami heterodox (buddystami, dżinami, adżiwikami) przez cały ten okres oraz z obcymi ludźmi (Yavanas, czyli Grekami; Sakas, czyli Scytami; Pahlavami, czyli Parthianami; oraz Kusanas, czyli Kushansami) od trzeciej fazy [pomiędzy imperium mauryjskim a powstaniem Guptów].

Bhagawad Gita jest pieczętnym osiągnięciem tej hinduskiej syntezy, zawierającej różne tradycje religijne. Według Hiltebeitela, Bhakti stanowi istotny składnik tej syntezy, która zawiera Bhakti w Vedancie. Według Deutscha i Dalviego, Bhagavad Gita próbuje "wykuć harmonię" pomiędzy różnymi nurtami indyjskiej myśli: jnana, dharma i bhakti. Deutsch i Dalvi zauważają, że autorzy Bhagawad Gita "musieli widzieć atrakcyjność soteriologii zarówno tradycji "heterodox" buddyzmu i dżinizmu, jak i bardziej "ortodoksyjnych" tradycji Samchiji i Jogi", podczas gdy tradycja braminowska podkreślała "znaczenie dharmy jako instrumentu dobra". Scheepers wspominają Bhagavat Gita jako tekst braminowski, który używa terminologii szramańskiej i jogicznej do rozpowszechniania braminowskiej idei życia według własnego obowiązku lub dharmy, w przeciwieństwie do jogicznego ideału wyzwolenia od działania karmy. Według Bashama, Bhagavadgita łączy w sobie wiele różnych elementów z filozofii Samkhya i Vedanty. W kwestiach religijnych jego ważnym wkładem był nowy nacisk położony na pobożność, która od tego czasu pozostaje centralną drogą w hinduizmie. Ponadto, popularny teizm wyrażony gdzie indziej w Mahabharacie i transcendentalizm Upaniszad zbiegają się, a bóg o cechach osobowych utożsamiany jest z braminem tradycji Wedyjskiej. Bhagavadgita daje więc typologię trzech dominujących trendów religii indyjskiej: życie oparte na dharmie, wyrzeczenie się oparte na oświeceniu i teizm oparty na poświęceniu.

Bhagavad Gita jako synteza:

Bhagavadgita może być traktowana jako wielka synteza idei bezosobowego monizmu duchowego z personalistycznym monoteizmem, jogi działania z jogą transcendencji działania, a te znowu z jogami oddania i wiedzy.

Wpływ Bhagavad Gita był taki, że jego synteza została zaadaptowana i włączona do specyficznych tradycji indyjskich. Nicholson wspomina o Shiva Gita jako adaptacji Bhagavat Gita zorientowanego na Wisznu do terminologii zorientowanej na Shivę, a Isvara Gita jako zapożyczenie całych wersetów z Bhagavad Gita zorientowanego na Krysznę i umieszczenie ich w nowym kontekście zorientowanym na Shivę.

Status

Bhagavad Gita jest częścią Prasthanatrayi, która obejmuje również Upanishady i sutry Brahma. Są to kluczowe teksty dla Wedyty, która interpretuje te teksty tak, aby nadać im jednolite znaczenie. Advaita Vedanta postrzega niedualizm Atmana i Brahmana jako jego istotę, podczas gdy Bhedabheda i Vishishtadvaita postrzegają Atmana i Brahmana jako odmiennych i nie odmiennych, a Dvaita widzi ich jako odmiennych. W ostatnim czasie tłumaczenie Advaita zyskało światową popularność dzięki Neo-Vedancie Vivekanandy i Radhakrishnana, natomiast

tłumaczenie Achintya Bheda Abheda zyskało światową popularność dzięki Zającowi Krysznasowi, gałęzi Gaudiya Vaishnavism.
Chociaż wczesna Vedanta podaje interpretację tekstów sruti Upaniszad, a jej głównym komentarzem są Brahman Sutry, popularność Bhagawad Gita była taka, że nie można było jej pominąć. Jest o nim mowa w Brahmanie Sutrach, a Shankara, Bhaskara i Ramanuja wszystkie trzy napisały komentarze na jego temat. Bhagavad Gita różni się od Upanishad formatem i treścią, i jest dostępna dla wszystkich, w przeciwieństwie do sruti, które mają być czytane i słyszane tylko przez wyższe kasty.
Niektóre gałęzie hinduizmu nadają mu status Upanishada i uznają go za Śruti lub "tekst objawiony". Według Pandita, który podaje nowoczesno-ortodoksyjną interpretację hinduizmu, "ponieważ Bhagavad Gita stanowi podsumowanie nauk Upaniszad, jest czasami nazywana "Upaniszadą Upaniszad"".
Rękopiśmienna ilustracja bitwy pod Kurukshetra, stoczonej między Kauravami a Pandavami, zapisana w Mahabharacie.
Narracja
W epickiej Mahabharacie, po tym jak Sandżaja - doradca króla Kuru Dhritarashtra - powraca z pola bitwy, aby ogłosić śmierć Bhishmy, zaczyna opowiadać o szczegółach wojny Mahabharata. Bhagavad Gita tworzy treść tego wspomnienia. Gita rozpoczyna się przed rozpoczęciem kulminacyjnej Wojny Kurukshetra, gdzie pandavski książę Arjuna jest pełen wątpliwości na polu bitwy. Prosi Krysznę, by podjechał do centrum pola walki, by mógł dobrze przyjrzeć się obu armiom. Zdając sobie sprawę, że jego wrogowie są jego własnymi krewnymi, ukochanymi przyjaciółmi i szanowanymi nauczycielami, zwraca się do swojego rydwanego i przewodnika, Boga Wcielonego Pana Śri Kryszny, o radę. W odpowiedzi na zamieszanie i dylemat moralny Arjuna, Kryszna wyjaśnia Arjunie jego obowiązki jako wojownika i księcia, opracowując różne koncepcje filozoficzne.Po tym, jak Kriszna przestaje rozmawiać z Arjuną, Yudhishthira opuszcza swój rydwan, by szukać błogosławieństw u Drony, i zaczyna się wojna.
Postacie

1. Arjuna, jeden z Pandavów
2. Lord Szri Kryszna, rydwan i guru Arjuna, który był wcieleniem lorda Wisznu.
3. Sanjaya, doradca króla Kuru Dhritarashtry
4. Dhritarashtra, królu Kuru.

Rozdziały

Bhagawad Gita składa się z 18 rozdziałów (od 25 do 42) w Bhishma Parva eposu Mahabharata i składa się z 700 wersetów Ze względu na różnice w recenzjach, wersety Gity mogą być numerowane w pełnym tekście Mahabharata jako rozdziały 6.25-42 lub jako rozdziały 6.23-40. Według recenzji Gity skomentowanej przez Adi Shankara, wybitnego filozofa szkoły Vedanta, liczba wersetów wynosi 700, ale istnieją dowody na to, że stare rękopisy miały 745 wersów. Same wiersze, skomponowane z podobiznami i metaforami, mają poetycki charakter. Wersety w większości wykorzystują zakres i styl sanskryckiego Anustubhmetre (chhandas), a w kilku wyrazistych wersetach używany jest metrum Tristubh.

Sanskryckie wydania Gity nazywają każdy rozdział jako szczególną formę jogi. Jednak tytuły tych rozdziałów nie pojawiają się w sanskryckim tekście Mahabharaty. Swami Chidbhavananda wyjaśnia, że każdy z osiemnastu rozdziałów jest wyznaczony jako oddzielna joga, ponieważ każdy rozdział, podobnie jak joga, "trenuje ciało i umysł". Nazwał pierwszy rozdział "Arjuna Vishada Yogam" lub "Joga odrzucenia Arjuna". Sir Edwin Arnold tłumaczy ten rozdział jako "Nieszczęście Arjuna".

Gita Dhyanam: (zawiera 9 wersetów) Gita Dhyanam nie jest częścią głównego Bhagavad Gita, ale jest on powszechnie publikowany z Gītā jako przedrostek. Wersety Gita Dhyanam (zwane również Gītā Dhyāna lub Dhyāna Ślokas) oferują pozdrowienia dla różnych świętych pism, postaci i podmiotów, charakteryzują związek Gītā z Upanishadami, i potwierdzić moc boskiej pomocy.jest powszechną praktyką, aby recytować je przed czytaniem Gita.

1.Prathama adhyaya (The Distress of Arjuna zawiera 46 wersów): Arjuna poprosił Krysznę o przeniesienie rydwanu pomiędzy dwoma armiami. Jego narastające odrzucenie jest opisywane jako obawa przed utratą przyjaciół i krewnych w wyniku wojny.

2.Sankhya joga (Księga Doktryn zawiera 72 wersety): Po poproszeniu Kryszny o pomoc, Ardżuna jest instruowany na różne tematy, takie jak: Karma joga, Giaana joga, Sankhya joga, Buddy joga i nieśmiertelna natura duszy. Sankhya odnosi się tutaj do jednej z sześciu ortodoksyjnych szkół filozofii hinduistycznej. Ten rozdział jest często traktowany jako podsumowanie całego Bhagavad Gita.

3. Karma joga (Virtue in Workor Virtue Of Actions zawiera 43 wersety): Kryszna wyjaśnia, że Karma Joga, czyli wykonywanie przepisanych

obowiązków, ale bez przywiązania do wyników, jest właściwym sposobem postępowania dla Arjuna.
4. Gyaana-Karma-Sanyasa joga (Religia Wiedzy zawiera 42 wersety): Krishna ujawnia, że przeżył wiele narodzin, zawsze ucząc jogi dla ochrony pobożnych i zniszczenia bezbożnych i podkreśla znaczenie przyjęcia guru.
5.Karma-Sanyasa joga (Religia przez Wyrzekanie się Owoców Dzieł zawiera 29 wersów): Arjuna pyta Kryszną, czy lepiej jest zrezygnować z działania, czy działać ("wyrzeczenie się lub dyscyplina działania"). Kryszna odpowiada, że obie są drogami do tego samego celu, ale działanie w Karma jodze jest lepsze.
6.Dhyan joga lub Atmasanyam joga (Religia według Samopoznania zawiera 47 wersów): Krishna opisuje asztangę jogę. Dalej wyjaśnia on trudności umysłu i techniki, dzięki którym można osiągnąć mistrzostwo umysłu.
7.Gyaana-ViGyaana joga (Religia przez Rozeznanie zawiera 30 wersów): Krishna opisuje rzeczywistość absolutną i jej iluzoryczną energię Maya.
8.Aksara-Brahma joga (Religia przez Nabożeństwo do Jednego Najwyższego Boga zawiera 28 wersetów): Ten rozdział zawiera eschatologię Bhagavad Gita. Opisano znaczenie ostatniej myśli przed śmiercią, różnice między światami materialnymi i duchowymi oraz jasne i ciemne ścieżki, które dusza kroczy po śmierci.
9.Raja-Vidya-Raja-Guhya joga (Religia według królewskiej wiedzy i królewskiej tajemnicy zawiera 34 wersety): Kriszna wyjaśnia, jak Jego wieczna energia przenika, tworzy, zachowuje i niszczy cały wszechświat. Według teologa Christophera Southgate, wersety tego rozdziału Gity są panteistyczne, natomiast niemiecki fizyk i filozof Max Bernhard Weinstein uważa dzieło za pandeistyczne.
10.Vibhuti-Vistara-joga (Religia według Niebiańskich Perfekcji zawiera 42 wersety): Kryszna jest opisana jako ostateczna przyczyna wszelkiej materialnej i duchowej egzystencji. Arjuna przyjmuje Kryszną jako Istotę Najwyższą, cytując wielkich mędrców, którzy również to zrobili.
11.Visvarupa-Darsana joga
(Manifestacja Jednego i Manifolda[zawiera 55 wersetów): Na prośbę Arjuna Kryszna ukazuje swoją "uniwersalną formę" (Viśvarūpa), teofię istoty stojącej naprzeciwko siebie w każdy sposób i emitującej blask tysiąca słońc, zawierającej wszystkie inne istniejące istoty i materiał.
12.Bhakti joga (Religia Wiary zawiera 20 wersów): W tym rozdziale

Kryszna gloryfikuje drogę oddania się Bogu. Kryszna opisuje proces służby dewocyjnej (Bhakti joga). Wyjaśnia on również różne formy dyscyplin duchowych.

13.Ksetra-Ksetrajna Vibhaga joga (Religia przez Rozdzielenie Materii i Ducha zawiera 35 wersów):

Opisana jest różnica między przemijającym, nietrwałym, nietrwałym ciałem fizycznym a niezmienną, wieczną duszą.

Wyraźna jest również różnica między świadomością indywidualną a świadomością uniwersalną.

14.Gunatraya-Vibhaga joga (Religia przez Oddzielenie od Kwalifikacji zawiera 27 wersów): Kryszna wyjaśnia trzy tryby (gunas) natury materialnej odnoszące się do dobroci, pasji i nescience. Opisane są również ich przyczyny, cechy i wpływ na żywą jednostkę.

15.Purusottama joga (Religia przez Osiągnięcie Najwyższego zawiera 20 wersów): Kryszna identyfikuje transcendentalne cechy Boga, takie jak wszechmoc, wszechobecność i wszechobecność. Kryszna opisuje również symboliczne drzewo (reprezentujące materialne istnienie), które ma swoje korzenie w niebiosach i swoje liście na ziemi. Kryszna wyjaśnia, że drzewo to powinno być ścięte "toporem oderwania", po czym można przejść do jego najwyższego miejsca zamieszkania.

16.Daivasura-Sampad-Vibhaga joga

(Odrębność Boskiej i Boskiej zawiera 24 wersety): Kriszna identyfikuje ludzkie cechy boskiej i demonicznej natury. Doradza on, że aby osiągnąć najwyższy cel, trzeba zrezygnować z pożądliwości, gniewu, chciwości i rozeznać pomiędzy dobrym i złym działaniem poprzez rozeznanie przez Buddę i dowody z pism świętych.

17.Sraddhatraya-Vibhaga joga (Religia Trzykrotnych Rodzajów Wiary zawiera 28 wersów): Kryszna kwalifikuje trzy podziały wiary, myśli, czynów, a nawet nawyków żywieniowych odpowiadających trzem trybom (gunas)

18. Joga Moksha-Sanyasa (Religia przez Wybawienie i Wyrzeczenie[zawiera 78 wersetów): W tym rozdziale podsumowano wnioski z poprzednich siedemnastu rozdziałów. Krishna prosi Arjunę, aby porzucił wszelkie formy dharmy i po prostu poddał się mu i opisuje to jako ostateczną doskonałość życia.

Tematyka

Kryszna pokazuje Ardżunie swoją Wiszwarupę (Forma Uniwersalna) na polu bitwy Kurukshetra (rozdział 11).
Bhagavad Gita, XIX-wieczny rękopis

Dharma

Termin dharma ma wiele znaczeń. Zasadniczo, oznacza to "to, co jest słuszne". {y:[i}Na] początku tekstu, odpowiadając na przygnębienie Arjuna, Krishna prosi go, by podążał za swoją swadą,[}] "dharma, która należy do konkretnego człowieka (Arjuna) jako członek konkretnej varny, (tj. kshatriya)." Wielu tradycyjnych zwolenników akceptuje i wierzy, że każdy człowiek jest unikalny w naturze (svabhava) i dlatego svadharma dla każdego jest również unikalna i musi być ściśle przestrzegana z jedynymi bhakthi i shraddha.

Według Vivekananandy:

Jeśli ktoś przeczyta tę jedną Shloka, dostanie wszystkie zalety czytania całej Bhagavad Gita; dla
w tym jednym Shloka leży osadzona w całym przesłaniu Gity."

क्लैब्यंमासःपार्थनैतत्त्वय्युपपद्यत्मगम।क्षुद्रंह्हैर्बल्यंतंत्यक्तोत्तिष्ठपर्श्रृदयदंतप

klaibhyaṁ mā sma gamaḥ pārtha naitattvayyupapadyate, kṣudraṁ hṛdayadaurbalyaṁ tyaktvottiṣṭha paraṁtapa.

Nie poddawaj się nieczystości, synu Prithā, bo nie przystoi ci to. Zdejmij to małostkowe omdlenie i powstań, O palancie wrogów! (2.3)

Dharma i heroizm

Bhagawad Gita osadzony jest w ramach narracyjnych Mahabharaty, która ceni heroizm, "energię, poświęcenie i ofiarę z siebie", jako dharmę, "święty obowiązek" Kshatriya (Wojownika). Axel Michaels w swojej książce "Hinduizm": Przeszłość i teraźniejszość pisze, że w Bhagavad Gita, Arjuna jest "zachęcany przez swojego rydwana, Kṛiṣhṇa, między innymi, aby przestał się wahać i wypełnił swój obowiązek Kṣatriya (wojownik) jako wojownik i zabijał".

Według Malinara, spór między obiema stronami w Mahabharacie koncentruje się na pytaniu, jak zdefiniować "prawo bohaterstwa". Malinar podaje opis dharmy Kszatriji (wojownika) na podstawie Udyogaparvanu, piątej księgi Mahabharaty:

Ten obowiązek polega przede wszystkim na staniu na ziemi i walce o status. Głównym obowiązkiem wojownika jest nigdy nie poddać się nikomu. Wojownik musi opierać się każdemu impulsowi do samozachowawczego zachowania, który sprawiłby, że uniknąłby walki.

Krótko mówiąc, powinien być człowiekiem (puruso bhava; por. 5.157.6; 13;15). Niektóre z najbardziej energicznych sformułowań tego, co nazywamy "sercem" lub "istotą" heroizmu (ksatrahrdaya) pochodzą od pań z rodziny. Okazuje się, że są najbardziej bezlitosni wobec upokorzeń, przez które przeszli, utraty statusu i honoru, nie mówiąc o wstydliwości posiadania słabego człowieka w domu, czy to męża, syna czy brata.

Michaels definiuje heroizm jako "moc przyswojoną z zainteresowaniem zbawieniem". Według Michaela:

Mimo, że ramowa opowieść o Mahabharacie jest dość prosta, epicki epos ma niezwykłe znaczenie dla hinduskiego heroizmu. Bohaterstwo Pandavów, ideały honoru i odwagi w walce, są stałym źródłem traktatów, w których nie jest to poświęcenie, wyrzeczenie się świata czy erudycja, lecz energia, poświęcenie i samoofiara. Bhagawad Gita, umieszczony w szóstej książce (Bhishmaparvan), a ukończony prawdopodobnie w drugim wieku CE, to taki tekst, czyli filozoficzno-teistyczny traktat, którym Pandawa jest nawoływana przez swojego rydwana, Kryszne, między innymi, aby przestał się wahać i wypełnił swój obowiązek Kṣatriya (wojownik) jako wojownik i zabił.

Według Malinara, "kryzys Arjuna i niektóre z argumentów wysuwanych w celu wezwania go do działania są związane z debatami na temat wojny i pokoju w UdP [Udyoga Parva]". Według Malinara, UdP podkreśla, że trzeba znosić los i BhG personalizuje oddanie swoich osobistych interesów władzy przeznaczenia poprzez "propagowanie poglądu, że przyjęcie i wprowadzenie w życie fatalnego przebiegu wydarzeń jest aktem oddania się temu bogu [Krsna] i jego sprawie".

Nowoczesne interpretacje dharmy

Svadharma i svabhava

Osiemnasty rozdział Gity analizuje związek pomiędzy svadharmą i svabhavą. Niniejszy rozdział wykorzystuje gunas filozofii Shankya do przedstawienia serii typologii i używa tego samego terminu do scharakteryzowania specyficznych działań czterech warn, które wyróżniają się przez "gunas postępujące od ich natury".

Aurobindo modernizuje pojęcie dharmy i svabhava, internalizując je, z dala od porządku społecznego i jego obowiązków wobec osobistych możliwości, co prowadzi do radykalnego indywidualizmu, "odnajdywania spełnienia celu istnienia w samej jednostce". Z doktryny Gity wywnioskował, że "funkcje człowieka powinny być określone przez jego naturalną kolej, dar i zdolności", że jednostka powinna "rozwijać się swobodnie" i w ten sposób najlepiej służyć społeczeństwu.

Widok Gandhiego różnił się od widoku Aurobindo. Uznał w koncepcji swadharmy swoją ideę swadeshi, ideę, że "człowiek zawdzięcza swoją służbę przede wszystkim tym, którzy są najbliżej niego przez urodzenie i sytuację". Dla niego, Swadeshi był "swadharmą stosowaną do bezpośredniego otoczenia".

Pole Dharmy

Pierwsze odniesienie do dharmy w Bhagavad Gita pojawia się w jej pierwszym wersie, gdzie Dhritarashtra odnosi się do Kurukshetra, położenia pola walki, jako Pola Dharmy, "Pola Prawości lub Prawdy". Według Fowlera, dharma w tym wersie może odnosić się do dharmy sanatana, "co Hindusi rozumieją jako swoją religię, ponieważ jest to termin, który obejmuje szerokie aspekty myśli religijnej i tradycyjnej i jest bardziej chętnie używany dla ""religii"". Dlatego "pole działania" oznacza pole sprawiedliwości, gdzie prawda ostatecznie zwycięży.

"Pole Dharmy" jest również nazywane "Polem działania" przez Sri Aurobindo, bojownika o wolność i filozofa. Sarvapalli Radhakrishnan, filozof i drugi prezydent Indii, widział "Pole Dharmy" jako świat (Bhavsagar), który jest "polem bitwy dla moralnej walki".

Alegoria wojenna

Ilustracja bitwy pod Kurukshetra, Arjuna (po prawej), z Kryszną jako rydwanem, walczy z Kauravami, gdy bogowie patrzą w dół.

W przeciwieństwie do innych pism religijnych, Bhagavad Gita nadaje swoje przesłanie w centrum pola walki. Wybór tak nieświętej atmosfery do prowadzenia dyskursu filozoficznego był zagadką dla wielu komentatorów. Kilku współczesnych pisarzy indyjskich interpretowało pole bitwy jako alegorię "wojny wewnątrz".

Eknath Easwaran pisze, że przedmiotem Gity jest "wewnętrzna wojna, walka o panowanie nad sobą, którą musi prowadzić każdy człowiek, jeśli ma wyjść z życia zwycięsko" oraz że "język walki często znajduje się w Piśmie Świętym, ponieważ przekazuje on mozolną, długą i ciągnącą się kampanię, którą musimy przeprowadzić, aby uwolnić się od tyranii ego, przyczyny całego naszego cierpienia i smutku".

Jorge Angel Livraga również postrzega tę walkę jako odzwierciedlenie ludzkiej kondycji, jako wewnętrzną walkę konieczną do przezwyciężenia

własnych wad. "Arjuna jest obrazem całej ludzkości. Każdy z nas płaci, albo jeden dzień będzie płacił, tę samą bitwę pod Arjuną."
Swami Nikhilananda, bierze Arjunę za alegorię Ātman, Kryszne za alegorię Brahmana, rydwan Arjuna za ciało, a Dhritarashtrę za umysł wypełniony ignorancją.
Mohandas Karamchand Gandhi w swoim komentarzu do Gity interpretuje bitwę jako "alegorię, w której polem walki jest dusza i Arjuna, wyższe impulsy człowieka walczącego ze złem".
Swami Vivekananda podkreślił również, że pierwszy dyskurs w Gicie związany z wojną można było przyjąć alegorycznie. Vivekananda zaznaczyła dalej,
Ta wojna Kurukshetra to tylko alegoria. Kiedy podsumujemy jego ezoteryczne znaczenie, oznacza to wojnę, która nieustannie toczy się w człowieku pomiędzy skłonnościami dobra i zła.
W opinii Aurobindo Kryszna był postacią historyczną, ale jego znaczenie w Gicie jest "symbolem boskiego postępowania z ludzkością", podczas gdy Arjuna typizuje "zmagającą się duszę ludzką". Aurobindo odrzucił jednak interpretację, że Gita, a w konsekwencji Mahabharata, jest "alegorią życia wewnętrznego i nie ma nic wspólnego z naszym zewnętrznym życiem i działaniami ludzkimi":
... Jest to pogląd, którego ogólny charakter i rzeczywisty język eposu nie usprawiedliwia, a gdyby go naciskać, przekształciłby prosty język filozoficzny Gity w ciągłą, mozolną i nieco leniwą mistyfikację... Gita jest napisana w sposób prosty i wyznaje, że rozwiązuje wielkie trudności etyczne i duchowe, które życie człowieka podnosi, i nie zrobi tego, aby przejść za ten prosty język i myśli i zaprząc je do służby naszej wyobraźni. Ale jest tyle prawdy, że ustawienie doktryny, choć nie symboliczne, jest z pewnością typowe.
Swami Chinmayananda pisze:
Tutaj, w Bhagavad Gita, znajdujemy praktyczny podręcznik instruktażowy, jak najlepiej zreorganizować nasze wewnętrzne sposoby myślenia, odczuwania i działania w naszym codziennym życiu i wyciągnąć z siebie większy strumień produktywności, aby wzbogacić życie wokół nas i emblazować subiektywne życie w nas.
Promocja sprawiedliwej wojny i obowiązku
Inni uczeni, tacy jak Steven Rosen, Laurie L. Patton i Stephen Mitchell, widzieli w Gicie religijną obronę obowiązku klasy wojowników

(KshatriyaVarna) (svadharma), którym jest prowadzenie walki i wojny z odwagą i nie widzą w tym tylko alegorycznej nauki, ale także prawdziwą obronę sprawiedliwej wojny.

Indyjscy przywódcy niepodległościowi, tacy jak Lala Lajpat Rai i Bal Gangadhar Tilak, postrzegali Gitę jako tekst, który bronił wojny w razie potrzeby i wykorzystywał ją do promowania wojny przeciwko Imperium Brytyjskiemu. Lajpat Rai napisał artykuł na temat "Przesłania Bhagavad Gita". Widział główne przesłanie jako odwagę i męstwo Arjuna do walki jako wojownik. Bal Gangadhar Tilak uważał Gitę za obrońcę zabijania, gdy było ono konieczne dla dobra społeczeństwa, jak na przykład zabójstwo Afzala Khana.

Według J. N. Farquhara:

"Nawet Gita była używana do nauczania morderstw. Kłamstwa, oszustwo, morderstwo, wszystko, co zostało udowodnione, może być słusznie użyte. Jak daleko przywódcy naprawdę wierzyli w tę naukę, której nikt nie może powiedzieć, ale młodsi się nią wypełnili, a wielu z nich było zbyt szczerych".

Moksha: Wyzwolenie

Wyzwolenie lub moksha w filozofii Vedanty nie jest czymś, co można nabyć lub osiągnąć. Ātman (Dusza), cel moksha, jest czymś, co jest zawsze obecne jako istota jaźni, i może być ujawnione przez głęboką intuicyjną wiedzę. Podczas gdy Upaniszady w dużej mierze podtrzymują tak monistyczny punkt widzenia na wyzwolenie, Bhagawad Gita uwzględnia także dualistyczne i teistyczne aspekty mokshy. Gita, choć czasami wskazuje na bezosobowego Brahmana jako cel, obraca się wokół relacji między Ja a osobistym Bogiem lub Saguną Brahmanem. Synteza wiedzy, poświęcenia i bezsensownego działania jest podana jako recepta na przygnębienie Arjuna; ta sama kombinacja jest sugerowana jako sposób na moksha.Winthrop Sargeant wyjaśnia dalej, "W modelu przedstawionym przez Bhagavad Gītā, każdy aspekt życia jest w rzeczywistości sposobem na zbawienie".

Joga

Joga w Bhagavad Gicie odnosi się do umiejętności łączenia się z ostateczną rzeczywistością lub Absolutem. W swoim komentarzu Zachner mówi, że podstawowym znaczeniem jogi jest "joking" lub "przygotowanie"; proponuje podstawowe znaczenie "ćwiczenia duchowego", które w najlepszy sposób przekazuje różne niuanse.

Komentarz Sivananandy uważa osiemnaście rozdziałów Bhagavad Gity za posiadające postępowy porządek, według którego Krishna prowadzi "Ardżunę po drabinie Jogi z jednego szczebla na drugi". Wpływowy komentator Madhusudana Sarasvati podzielił osiemnaście rozdziałów Gity na trzy części po sześć rozdziałów każdy. Swami Gambhirananda charakteryzuje system Madhusudany Sarasvati jako kolejne podejście, w którym Karma joga prowadzi do Bhakti jogi, co z kolei prowadzi do Gyaana jogi:

1. Rozdziały 1-6 = Karma-joga, środki do osiągnięcia celu końcowego
2. Rozdziały 7-12 = Bhakti joga lub poświęcenie
3. Rozdziały 13-18 = Gyaana joga lub wiedza, sam cel

Karma-joga

Jak zauważyli różni komentatorzy, Bhagavad Gita oferuje praktyczne podejście do wyzwolenia w formie Karma Jogi. Ścieżka karma-jogi podtrzymuje konieczność działania. Działanie to ma być jednak podejmowane bez przywiązania do pracy lub chęci osiągnięcia rezultatów. Bhagavad Gita określa to jako "bezczynność w działaniu i bezczynność w działaniu (4.18)". Koncepcja takiego oderwanego działania jest również nazywany Nishkam Karma, termin nie używany w Gita.Lord Krishna, w kolejnych wersetach, rozwija się na temat roli działań, wykonywane bez pragnienia i przywiązania, odgrywają w osiągnięciu wolności od materialnej niewoli i transmigracji:

Do działania w pojedynkę masz prawo, a nigdy do jego owoców; nie pozwól, aby owoce działania były twoim motywem; nie pozwól też, aby było w tobie przywiązanie do bezczynności.

Utrwalony w jodze, wykonuj swoją pracę, O Zdobywca bogactwa (Arjuna), porzucając przywiązanie, z równym umysłem w sukcesie i porażce, bo równość umysłu jest nazywana jogą. (2.47–8)

Yogīs, porzucając przywiązanie, działać z ciała, umysłu, inteligencji, a nawet zmysłów, tylko w celu oczyszczenia. (5.11)

Mohandas Karamchand Gandhi pisze: "Celem Gity wydaje mi się być pokazanie najwspanialszej drogi do osiągnięcia samorealizacji", a można to osiągnąć poprzez bezinteresowne działanie, "poprzez wyrzeczenie się owoców działania; poprzez oddanie się Bogu wszystkich działań, tj. poprzez oddanie się Mu ciała i duszy". Gandhi nazwał Gitę "Ewangelią bezinteresownego działania". Aby osiągnąć prawdziwe wyzwolenie, ważne

jest, aby kontrolować wszystkie psychiczne pragnienia i tendencje do korzystania z przyjemności zmysłowych. Ilustrują to następujące wersety:
Kiedy człowiek mieszka w swoim umyśle na przedmiocie sensu, powstaje przywiązanie do niego. Z mocowania wynika pragnienie, a z pragnienia przychodzi gniew.
Z gniewu powstaje oszołomienie, z oszołomienia utrata pamięci; i z utraty pamięci, zniszczenia inteligencji i z niszczenia inteligencji ginie. (2.62–3)
Bhakti joga

Wprowadzenie do rozdziału siódmego Bhagavad Gita wyjaśnia bhakti jako tryb kultu, który polega na nieustannym i pełnym miłości wspominaniu Boga. Wiara (Śraddhā) i całkowite oddanie się wybranemu Bogu (Ishtadeva) są uważane za ważne aspekty bhakti. Teolog Catherine Cornille pisze: "Tekst [z Gity] oferuje przegląd różnych możliwych dyscyplin dla osiągnięcia wyzwolenia poprzez wiedzę (Gyaana), działanie (karma) i miłosne oddanie się Bogu (bhakti), skupiając się na tym ostatnim jako najłatwiejszej i najwyższej drodze do zbawienia". M. R. Sampatkumaran, badacz Bhagavad Gita, wyjaśnia w swoim przeglądzie komentarza Ramanuja na temat Gity: "Chodzi o to, że sama znajomość pism świętych nie może prowadzić do ich ostatecznego wydania. Oddanie, medytacja i uwielbienie są niezbędne. "Ramakrishna wierzył, że istotne przesłanie Gity można uzyskać, powtarzając słowo Gita kilka razy, "Gita, Gita, Gita", zaczynasz, ale potem odnajdujesz się mówiąc "ta-Gi, ta-Gi, ta-Gi". Tagi oznacza tego, który wyrzekł się wszystkiego dla Boga." W następujących wersetach, Kryszna wyjaśnia znaczenie bhakti:
A ze wszystkich joginów, ten kto jest pełen wiary, czci mnie, z jego wewnętrznym ja trwającym we Mnie, to ja jestem najbardziej stonowany (do mnie w jodze). (6.47)
Dla tego, który Mnie czci, który oddał mi wszystkie swoje działania i jest mi oddany bez zboczenia, zaangażowany w pobożną służbę i zawsze medytujący nade mną, który utrwalił na mnie swój umysł, synu Pṛthā, dla niego jestem szybkim wybawcą z oceanu narodzin i śmierci. (12.6–7)
Radhakrishnan pisze, że werset 11.55 jest "istotą bhakti" i "substancją całego nauczania Gity":
Ci, którzy czynią ze mnie nadrzędny cel całej swojej pracy i działają bez egoistycznego przywiązania, którzy poświęcają się mi całkowicie i są

wolni od złej woli dla jakiegokolwiek stworzenia, wchodzą we mnie(11.55).

Jnana joga

Adi Shankara z Uczniami, Raja Ravi Varma (1904), głoszący wiedzę absolutną jako najważniejszą

Jnana joga jest ścieżką mądrości, wiedzy i bezpośredniego doświadczenia Brahmana jako ostatecznej rzeczywistości. Ścieżka ta wyrzeka się zarówno pragnień, jak i czynów, dlatego w Bhagavad Gita przedstawiona jest jako stroma i bardzo trudna. Ta ścieżka jest często kojarzona z niedualistyczną wedyancką wiarą w tożsamość Ātman z Brahmanem. Dla zwolenników tej drogi, realizacja tożsamości Ātman i Brahmana jest kluczem do wyzwolenia.

Kiedy rozsądny człowiek przestaje widzieć różne tożsamości, które wynikają z różnych ciał materialnych, dochodzi do poczęcia Brahmana. Widzi więc, że istoty są wszędzie rozszerzone. (13.31)

Ten, kto świadomie widzi tę różnicę między ciałem a jego właścicielem i potrafi zrozumieć proces wyzwalania się z tej niewoli, osiąga również najwyższy cel. (13.35)

Pancaratra Agama

Według Dennisa Hudsona, rytuały wedyjskie i tantryczne pokrywają się z naukami zawartymi w Bhagavad Gita. Umieszcza Pancaratra Agama w ostatnich trzech lub czterech wiekach I-go tysiąclecia p.n.e. i proponuje, aby zarówno tantryk i wedyka, Agama i Gita miały te same korzenie Vasudeva-Krishna. Niektóre z pomysłów w Bhagavad Gita łączą go z Shatapatha Brahmana z Jajurwedy. Na przykład Shatapatha Brahmana wspomina o absolutnym Purusha, który mieszka w każdej ludzkiej istocie. Historia w tym tekście wedyjskim, stwierdza Hudson, podkreśla znaczenie imienia Wisznu jako "błyszczącego (deva), który mieszka (vasu) we wszystkich rzeczach i w którym wszystko mieszka", oraz znaczenie Wisznu jako "wszechobecnego aktora". W Bhagawadzie Gicie, podobnie, "Kryszna utożsamiał się zarówno z Wisznu, jak i z Wasudewą i ich znaczeniami". Idee w centrum rytuałów wedyjskich w Shatapatha Brahmana i nauki Bhagavad Gita obracają się wokół tej absolutnej Osoby, pierwotnego bezpłciowego absolutu, który jest taki sam jak cel Pancaratry Agamy i Tantry.

Komentarze i tłumaczenia

Bhagvat-Geeta, Wesleyan Mission Press, Bangalore, 1849 r.
Bhagavad Gita został po raz pierwszy przetłumaczony na język angielski w roku 1785, przez Charlesa Wilkinsa na polecenie Sądu Dyrektorów Spółki Wschodnioindyjskiej, ze szczególnym zainteresowaniem wykazanym przez Warrena Hastingsa, ówczesnego Gubernatora Generalnego Indii. To wydanie miało wstęp do Gity autorstwa Warrena Hastingsa. Wkrótce praca została przetłumaczona na inne języki europejskie, takie jak niemiecki, francuski i rosyjski.
W 1849 roku Weleyan Mission Press, Bangalore opublikowało The Bhagavat-Geeta, Or, Dialogues of Krishna and Arjoon in Eighteen Lectures, with Sanskrit, Canarese and English in parallel columns, edited by Rev. John Garrett, and the efforts being supported by Sir. Mark Cubbon
Bhagavad Gita integruje różne szkoły myślenia, zwłaszcza Vedantę, Samchiję i Jogę oraz inne idee teistyczne. Pozostaje on popularnym tekstem dla komentatorów należących do różnych szkół filozoficznych. Jednak jego złożony charakter prowadzi również do różnych interpretacji tekstu. Mówiąc słowami Mysore Hiriyanna,
[Gita] jest jedną z najtrudniejszych do zinterpretowania książek, która zawiera liczne komentarze na ten temat - każdy różniący się od reszty w tym czy innym istotnym punkcie.
Richard H. Davis cytuje Callewaert & Hemraj's 1982 liczbę 1891 tłumaczeń BG w 75 językach, w tym 273 w języku angielskim.
Klasyczne komentarze
Śaṅkara
Najstarszym i najbardziej wpływowym komentarzem średniowiecznym był komentarz Adi Shankara (788-820 CE), znany również jako Shankaracharya (Sanskryt: Śaṅkarācārya). Komentarz Shankary opierał się na recenzji Gity zawierającej 700 wersów i ta recenzja została szeroko przyjęta przez innych.
Rāmānuja
Komentarz Ramanujacharji ma na celu przede wszystkim pokazać, że dyscyplina oddania Bogu (Bhakti joga) jest drogą zbawienia.
Madhva
Madhva, komentatorka szkoły Dvaita Vedanta, której daty podane są jako (1199-1276 CE) lub jako (1238-1317 CE), znana również jako

Madhvacharya (sanskryt: Madhvācārya), napisała komentarz do Bhagavad Gita, który jest przykładem myślenia o "dualizmie" szkoły. Sierżant Winthrop cytuje dualistyczne twierdzenie szkoły Madhwy, że istnieje "odwieczne i całkowite rozróżnienie pomiędzy Najwyższym, wieloma duszami, materią i jej podziałami". Jego komentarz do Gity nazywa się Gita Bhāshya. Został on opatrzony adnotacjami przez wielu starożytnych papieży szkoły Dvaita Vedanta, jak Padmanabha Tirtha, Jayatirtha i Raghavendra Tirtha.

Ruch niepodległościowy

W czasie, gdy indyjscy nacjonaliści szukali rdzennych podstaw dla działań społecznych i politycznych, Bhagavad Gita dostarczył im uzasadnienie dla ich aktywizmu i walki z niesprawiedliwością. Wśród nacjonalistów, godne uwagi komentarze napisali Bal Gangadhar Tilak i Mahatma Gandhi, którzy wykorzystali ten tekst, aby zainspirować indyjski ruch niepodległościowy. Tilak napisał swój komentarz Shrimadh Bhagvad Gita Rahasya podczas pobytu w więzieniu w latach 1910-1911, odsiadując sześcioletni wyrok wydany przez brytyjski rząd kolonialny w Indiach za podburzanie. Zauważając, że Gita uczy możliwych dróg do wyzwolenia, jego komentarz kładzie największy nacisk na Karma Jogę. Żadna książka nie miała większego znaczenia dla życia i myśli Gandhiego niż Bhagavad Gita, który określił jako swój "słownik duchowy". Podczas pobytu w więzieniu Yeravda w 1929 roku Gandhi napisał komentarz do Bhagavad Gita w Gujarati. Rękopis Gudżarati został przetłumaczony na język angielski przez Mahadiewa Desaja, który dostarczył dodatkowego wprowadzenia i komentarza. Został on opublikowany z przedmową przez Gandhiego w 1946 roku. Mahatma Gandhi wyraził w tych słowach swoją miłość do Gity: Znajduję ukojenie w Bhagavadgītā, że brakuje mi nawet w Kazaniu na Górze. Kiedy rozczarowanie patrzy mi w twarz i sam nie widzę ani jednego promienia światła, wracam do Bhagavadgītā. Znajduję wiersz tutaj i wiersz tam i natychmiast zaczynam się uśmiechać pośród przytłaczających tragedii - a moje życie jest pełne zewnętrznych tragedii - i jeśli nie zostawiły one żadnej widocznej, nieusuwalnej blizny na mnie, zawdzięczam to wszystko nauczaniu Bhagavadgītā.

Hinduski renesans

Chociaż Vivekananda nie napisał żadnych komentarzy na temat Bhagavad Gita, jego prace zawierały liczne odniesienia do Gity, jak np. wykłady na temat czterech jogin - Bhakti, Gyaana, Karma i Raja. Poprzez przesłanie

Gity, Vivekananda starała się pobudzić ludność Indii do zgłaszania swojej uśpionej, ale silnej tożsamości. Bankim Chandra Chattopadhyay uważał, że odpowiedzią na problemy, które nękają społeczeństwo hinduskie było odrodzenie hinduizmu w jego czystości, które leżało w reinterpretacji Bhagavad Gita dla nowych Indii. Aurobindo postrzegał Bhagawad Gitę jako "pismo przyszłej religii" i sugerował, że hinduizm zyskał znacznie szersze znaczenie dzięki Gicie. Sivananda nazwała Bhagavad Gita "najcenniejszym klejnotem literatury hinduskiej" i zaproponowała jego wprowadzenie do programu nauczania indyjskich szkół i uczelni. W wykładach Chinmayananda, na wycieczkach podejmowanych w celu ożywienia moralnych i duchowych wartości Hindusów, pożyczył od Gity koncepcję Gyaana yajna, czyli kultu, aby przywołać boską mądrość. Postrzegał Gitę jako pismo uniwersalne, które zmienia człowieka ze stanu wzburzenia i zamieszania w stan pełnej wizji, wewnętrznego zadowolenia i dynamicznego działania. Teachings of International Society for Krishna Consciousness (ISKCON), organizacja religijna Gaudiya Vaishnava, która szybko rozprzestrzeniła się w Ameryce Północnej w latach 70-tych i 80-tych, oparte są na tłumaczeniu Gity zwanej Bhagavad-Gītā As It Is przez A.C. Bhaktivedanta Swami Prabhupada. Te nauka także ilustrować w the diorama Bhagavad-gita Muzeum w Los Angeles, Kalifornia.

Inne nowoczesne komentarze

Wśród wybitnych współczesnych komentatorów Bhagavad Gita są Bal Gangadhar Tilak, Vinoba Bhave, Mohandas Karamchand Gandhi, Sri Aurobindo, Sarvepalli Radhakrishnan, Chinmayananda, itp. Chinmayananda przyjęła synkretyczne podejście do interpretacji tekstu Gity. [127][128]

Dwutomowy komentarz Paramahansy Jogananandy do Bhagavad Gity, zatytułowany God Talks With Arjuna: Bhagavad Gita, został wydany w 1995 roku.

Eknath Easwaran napisał również komentarz do Bhagavad Gita. Bada możliwość zastosowania zasad Gity do problemów współczesnego życia.

Wersja autorstwa A. C. Bhaktivedanty Swami Prabhupāda, zatytułowana Bhagavad-gītā As It Is, jest "zdecydowanie najbardziej rozpowszechnioną ze wszystkich angielskich tłumaczeń Gita" dzięki staraniom ISKCON.Dla każdego wiersza podaje wiersz w sanskryckim skrypcie Devanagari, po którym następuje rzymska transliteracja, glosariusz dla każdego słowa, a następnie tłumaczenie i komentarz. Jego wydawca, Bhaktivedanta Book

Trust, szacuje sprzedaż na dwadzieścia trzy miliony egzemplarzy, w tym oryginalne wydanie angielskie i wtórne tłumaczenia na pięćdziesiąt sześć innych języków.

Tłumaczenia akademickie

Ramanandacharya wygłaszając przemówienie. Wygłosił wiele wykładów na temat Gity i wydał pierwszą brajlowską wersję pisma.

Pierwsze angielskie tłumaczenie Bhagavad Gita wykonał Charles Wilkins w 1785 roku. W 1981 r. Larson wymienił ponad 40 angielskich tłumaczeń Gity, stwierdzając, że "pełna lista tłumaczeń Gity i związana z nimi bibliografia wtórna byłaby prawie niekończąca się". Stwierdził on, że "ogólnie ... istnieje ogromna tradycja tłumaczeniowa w języku angielskim, zapoczątkowana przez Brytyjczyków, solidnie ugruntowana filologicznie przez Francuzów i Niemców, zaopatrzona w swoje rdzenne korzenie przez bogate dziedzictwo współczesnych indyjskich komentarzy i refleksji, rozszerzone na różne dziedziny dyscyplinarne przez Amerykanów, i która wygenerowała w naszych czasach szeroko zakrojoną międzykulturową świadomość znaczenia Bhagavad Gita zarówno jako wyraz specyficznie indyjskiej duchowości, jak i jako jedna z wielkich "klasyków" religijnych wszech czasów."Sanskrycka badaczka Barbara Stoler Miller wykonała w 1986 r. tłumaczenie mające na celu podkreślenie wpływu poematu i jego aktualnego kontekstu w literaturze angielskiej, a zwłaszcza utworów T.S. Eliota, Henry'ego Davida Thoreau i Ralpha Waldo Emersona. Przekład był chwalony zarówno przez uczonych, jak i krytyków literackich i stał się jednym z najbardziej popularnych dotychczas przekładów.

Gita w innych językach

Gita została również przetłumaczona na języki europejskie inne niż angielski. W 1808 roku fragmenty z Gity były częścią pierwszego bezpośredniego przekładu sanskrytu na język niemiecki, pojawiając się w książce, dzięki której Friedrich Schlegel stał się znany jako założyciel filologii indyjskiej w Niemczech.30 listopada 2007 roku Swami Rambhadracharya wydał pierwszą wersję pisma w alfabecie Braille'a z oryginalnym tekstem sanskryckim i komentarzem w języku hindi. Były turecki uczony-polityk, Bulent Ecewit, przetłumaczył na język turecki kilka pism sanskryckich, w tym Gitę. Mahavidwan

Gita Press opublikowała Gitę w wielu językach indyjskich. R. Raghava Iyengar przetłumaczył Gitę na Tamil w poetyckiej formie sandam metrowej. The Bhaktivedanta Book Trust publikuje Gitę w ponad czterdziestu językach, w tym w języku francuskim, niemieckim, hiszpańskim, włoskim, polskim, węgierskim, rosyjskim, kazachskim, chińskim, japońskim, wietnamskim, hebrajskim, arabskim, suahili i szesnastu językach indyjskich.

Badania filologiczne

Rozwój tekstowy Bhagavad Gita był badany, ale metody tych badań rozwijały się od początku jego istnienia pod koniec XVIII wieku. Według Adluri i Bagchee, XIX-wieczni Indolodzy niemieccy mieli stanowisko antybrahmańskie, z powodu ich "protestanckiego podejrzenia o Brahmanów". Poczęli Mahabharatę jako indogermańską wojnę-epic, do której warstwy tekstu dodali późniejsi Braminowie, w tym Bhagawad Gita. Interpretacja ta została podsycona poszukiwaniem germańskiego pochodzenia i tożsamości, w której Bramini byli antytetyczni wobec czystych Aryjczyków. Według Adluri i Bagchee, XX-wieczna Indologia profesjonalizowała się, ale pozostała antybraministyczna, chociaż antybraminizm zniknął z pola widzenia i zszedł "pod ziemię".

Współczesna popularność

Premier Indii, Shri Narendra Modi mocno określił Bhagavad Gita jako "największy dar Indii dla świata". Shri Modi podarował Bhagavad Gita ówczesnemu prezydentowi Stanów Zjednoczonych Ameryki, Barackowi Obamie, w 2014 roku podczas jego wizyty w USA.

Dzięki tłumaczeniu i badaniu Bhagavad Gita przez zachodnich uczonych, które rozpoczęło się na początku XVIII wieku, Bhagavad Gita zyskał coraz większe uznanie i popularność. Według indyjskiego historyka i pisarza Khushwant'a Singh'a, słynny wiersz Rudyard'a Kipling'a "I-" jest "esencją przesłania Gity w języku angielskim".

Ocena

Bhagavad Gita był wysoko ceniony nie tylko przez wybitnych Indian, takich jak Mohandas Karamchand Gandhi i Sarvepalli Radhakrishnan, ale także przez Aldousa Huxleya, Henry'ego Davida Thoreau, J. Roberta Oppenheimera, Ralpha Waldo Emersona, Carla Junga, Hermana Hesse, Bülenta Ecevita i innych.

Jawaharlal Nehru, pierwszy premier niezależnych Indii, wypowiedział się na temat Gity:

Bhagavad-Gita zajmuje się zasadniczo duchowym fundamentem ludzkiej egzystencji. Jest to wezwanie do działania w celu wypełnienia zobowiązań i obowiązków życia, ale z uwzględnieniem duchowej natury i wspaniałego celu wszechświata.

A. P. J. Abdul Kalam, jedenasty prezydent Indii, mimo że był muzułmaninem, czytał Bhagavada Gitę i recytował mantry.

Próba Trinity Projektu Manhattan była pierwszą detonacją broni jądrowej, która skłoniła Oppenheimera do przywołania wersetów z Bhagavad Gita: "Staję się Śmiercią, niszczycielem światów".

J. Robert Oppenheimer, amerykański fizyk i reżyser Projektu Manhattan, w 1933 roku nauczył się Sanskrytu i przeczytał Bhagavad Gita w oryginalnej formie, cytując go później jako jedną z najbardziej wpływowych książek kształtujących jego filozofię życia. Oppenheimer przypomniał później, że będąc świadkiem wybuchu próby jądrowej Trójcy Świętej, pomyślał o wersetach z Bhagavad Gita (XI,12):

कालोऽस्मिलोकक्षयकृत्प्रवृद्धोलोकान्समाहर्तुमिहप्रवृत्तः◌ेऽपित्वांनभविष्यन्त्रतिसर्वेयेऽवसि

ताःप्रत्यन्यत्रत्यनीक्थुयोधाः॥११- ३२॥

Jeśli blask tysiąca słońc miałby pękać w niebo od razu, to byłoby to jak blask potężnego...

Po latach wyjaśniałby, że w tym czasie do jego głowy trafił też inny werset:

Wiedzieliśmy, że świat nie będzie taki sam. Kilka osób się śmiało, kilka osób płakało. Większość ludzi milczała. Przypomniałem sobie linię z pisma hinduskiego, Bhagawad Gita; Wisznu próbuje przekonać księcia, że powinien wykonać swój obowiązek i, aby mu zaimponować, przyjmuje jego wieloramienną postać i mówi: "Teraz staję się Śmiercią, niszczycielem światów". Przypuszczam, że wszyscy myśleliśmy, że w ten czy inny sposób

Adaptacje

Philip Glass opowiedział historię wczesnego rozwoju Gandhiego jako aktywisty w RPA poprzez tekst Gity w operze Satyagraha (1979). Całe libretto opery składa się z powiedzeń z Gity śpiewanej w oryginalnym sanskrycie. W dylemacie Douglasa Cuomo Arjuna, filozoficzny dylemat, przed którym stoi Arjuna, jest dramatyzowany w formie operowej z mieszanką indyjskich i zachodnich stylów muzycznych. Film Sanskrit z 1993 roku, Bhagavad Gita, w reżyserii G. V. Iyera, zdobył w 1993 roku Narodową Nagrodę Filmową dla najlepszego filmu.

Powieść z 1995 roku i film golfowy z 2000 roku The Legend of Bagger Vance są mniej więcej oparte na Bhagavad Gita.

Prezydent Indii inauguruje Międzynarodową Gitę Mahotsava-2017 w Haryanie 25 listopada 2017 r. prezydent Ram Nath Kovind zainaugurował Międzynarodową Gitę Mahotsava-2017 w Kurukshetra w Haryanie. Mauritius jest krajem partnerskim, a Uttar Pradesh jest krajem partnerskim dla tego wydarzenia. W zeszłym roku w Gita Mahotsavie wzięło udział około 20 osób z jeziora, w tym także osoby z 35 krajów. Oczekuje się, że do 3 grudnia 2017 r. w wydarzeniu tym weźmie udział około 25-30 osób z jeziora.

Rozdział 1: Obserwacja armii na polu bitwy Kuruksetra

Tekst 1
dhrtarastra uvacadharma-ksetre kuru-ksetre
samaveta yuyutsavah
mamakah pandavas caiva
kim akurvata sanjaya
Tłumaczenie:
Dhrtarastra powiedział: O Sanjaya, po zebraniu się w miejscu pielgrzymki na Kuruksetra, co zrobili moi synowie i synowie Pandu, pragnąc walczyć?
Purport

Bhagavad-gita to szeroko pojęta nauka teistyczna podsumowana w Gita-mahatmya (Gloryfikacja Gity). Tam jest napisane, że należy bardzo uważnie czytać Bhagawad-gitę z pomocą osoby, która jest wielbicielką Sri Krishny i starać się ją zrozumieć bez osobistych motywacji. Przykład jasnego zrozumienia znajduje się w samym Bhagawad-gicie, w sposób, w jaki nauczanie jest rozumiane przez Arjunę, który usłyszał Gitę bezpośrednio od Pana. Jeśli ktoś ma szczęście zrozumieć Bhagawad-gitę w tej linii sukcesji ucznia, bez motywacji do interpretacji, to przewyższa wszystkie badania nad mądrością wedyjską i wszystkie pisma świata. W Bhagawad-gicie znajdziemy wszystko, co jest zawarte w innych pismach świętych, ale czytelnik znajdzie też rzeczy, których nie znajdziemy gdzie indziej. To jest specyficzny standard Gity. Jest to doskonała nauka teistyczna, ponieważ mówi o niej bezpośrednio Najwyższa Osobowość Bóstwa, Lord Sri Krishna.
Tematy omawiane przez Dhrtarastrę i Sandżaję, opisane w Mahabharacie, stanowią podstawową zasadę tej wielkiej filozofii. Rozumie się, że filozofia ta rozwinęła się na Polu Bitwy Kuruksetra, które jest świętym miejscem pielgrzymek od niepamiętnych czasów epoki Wedyjskiej. Zostało to wypowiedziane przez Pana, kiedy był obecny osobiście na tej planecie dla prowadzenia ludzkości.
Słowo dharma-ksetra (miejsce wykonywania rytuałów religijnych) jest znaczące, ponieważ na Polu Bitwy Kuruksetra, po stronie Arjuna była obecna Najwyższa Osobowość Boskiej Głowy. Dhrtarastra, ojciec Kurusa, miał duże wątpliwości co do możliwości ostatecznego zwycięstwa swoich

synów. W swoich wątpliwościach, zapytał swojego sekretarza Sanjaya, "Co zrobili moi synowie i synowie Pandu?" Był przekonany, że zarówno jego synowie, jak i synowie młodszego brata Pandu zostali zgromadzeni na tym polu Kuruksetra w celu zdecydowanego zaangażowania się w wojnę. Mimo to, jego dochodzenie jest znaczące. Nie chciał kompromisu między kuzynami i braćmi, chciał być pewien losu swoich synów na polu walki. Ponieważ bitwa została zaaranżowana na Kuruksetra, o której wspomina się gdzie indziej w Wedach jako o miejscu kultu - nawet dla denizenów nieba - Dhrtarastra stała się bardzo przestraszona wpływem świętego miejsca na wynik bitwy. Wiedział bardzo dobrze, że wpłynie to korzystnie na Arjunę i synów Pandu, ponieważ z natury byli oni wszyscy cnotliwi. Sanjaya był uczniem Vyasa, dlatego też, dzięki łasce Vyasa, Sanjaya był w stanie wyobrazić sobie pole bitwy Kuruksetra nawet wtedy, gdy przebywał w pokoju Dhrtarastry. I tak, Dhrtarastra zapytał go o sytuację na polu walki.

Zarówno Pandavowie jak i synowie Dhrtarastry należą do tej samej rodziny, ale umysł Dhrtarastry jest tu ujawniony. Świadomie uznał za Kurusa tylko swoich synów, a synów Pandu oddzielił od rodzinnego dziedzictwa. Można więc zrozumieć specyficzną pozycję Dhrtarastry w jego relacji z bratankami, synami Pandu. Tak jak na polu ryżowym usuwane są zbędne rośliny, tak od samego początku tych tematów oczekuje się, że na polu religijnym Kuruksetra, gdzie był obecny ojciec religii, Sri Krsna, niechciane rośliny, takie jak syn Dhrtarastry, Duryodhana i inni, zostaną wymazane, a osoby na wskroś religijne, na czele z Yudhisthira, zostaną ustanowione przez Pana. Takie jest znaczenie słów dharma-ksetre i kuru-ksetre, poza ich historycznym i wedyjskim znaczeniem.

Tekst 2

Tłumaczenie:

Sanjaya powiedział: O Królu, po obejrzeniu armii zgromadzonej przez synów Pandu, król Duryodhana udał się do swojego nauczyciela i zaczął mówić następujące słowa:

Tekst 3

Tłumaczenie:

O mój nauczyciel, oto wielka armia synów Pandu, tak fachowo ułożona przez twego inteligentnego ucznia, syna Drupady.

Tekst 4
Tłumaczenie:
Tutaj w tej armii jest wielu bohaterskich łuczników równych w walce z Bhimą i Arjuną; są też wielcy wojownicy jak Yuyudhana, Virata i Drupada.

Tekst 5
Tłumaczenie:
Są też wielcy, heroiczni, potężni wojownicy jak Dhrstaketu, Cekitana, Kasiraja, Purujit, Kuntibhoja i Saibya.

Tekst 6
Tłumaczenie:
Tam być the potężny Yudhamanyu, the bardzo potężny Uttamauja, the syn Subhadra i the syn Draupadi. Wszyscy ci wojownicy są wielkimi rydwanami.

Tekst 7
Tłumaczenie:
Ale dla waszej informacji, braminki, dla waszej informacji, pozwólcie, że opowiem wam o kapitanach, którzy są szczególnie wykwalifikowani do kierowania moimi siłami wojskowymi

Tekst 8
Tłumaczenie:
Są takie osobistości jak ty, Bhisma, Karna, Krpa, Asvatthama, Vikarna i syn Somadatty zwany Bhurisrava, którzy zawsze zwyciężają w walce.

Tekst 9
Tłumaczenie:
Jest wielu innych bohaterów, którzy są gotowi oddać swoje życie dla mojego dobra. Wszystkie one są dobrze wyposażone w różne rodzaje broni, a wszystkie mają doświadczenie w naukach wojskowych.
Tekst 10

Tłumaczenie:
Nasza siła jest niezmierna i jesteśmy doskonale chronieni przez dziadka bhismę, podczas gdy siła pandavas, starannie chroniona przez bhimę, jest ograniczona.

Tekst 11
Tłumaczenie:
Teraz wszyscy musicie udzielić pełnego wsparcia Dziadkowi Bhismie, stojąc w swoich strategicznych punktach w palancie armii.

Tekst 12
Tłumaczenie:
Wtedy bhisma, wielki dzielny wnuk dynastii kuru, dziadek wojowników, dmuchał swoją konszelkę bardzo głośno jak dźwięk lwa, dając duryodhana radość.

Tekst 13
Tłumaczenie:
Potem nagle zabrzmiały konszelki, hejnały, trąbki, bębny i rogi, a połączony dźwięk był burzliwy.

Tekst 14
Tłumaczenie:
Po drugiej stronie, zarówno Lord Krsna jak i Arjuna, stacjonujący na wielkim rydwanie ciągniętym przez białe konie, brzmiały ich transcendentalne konszelki.

Tekst 15
Tłumaczenie:
Następnie Pan Krsna wysadził swoją konszellę, zwaną Pancajanya; Arjuna wysadził swoją, Devadatta; a Bhima, żarłoczny zjadacz i wykonawca herkulesowych zadań, wysadził swoją wspaniałą konszellę, zwaną Paundram.

Teksty 16-18

Tłumaczenie:

Król Yudhisthira, syn Kuntiego, wysadził w powietrze swoją konszelkę, Anantavijaya, a Nakula i Sahadeva wysadzili Sughosa i Manipuspaka. Ten wielki łucznik Król Kasi, wielki wojownik Sikhandi, Dhrstadyumna, Virata i niepokonany Satyaki, Drupada, synowie Draupadi, i inni, O Król, jak syn Subhadry, bardzo uzbrojeni, wszyscy wysadzili swoje konszelki.

Tekst 19

Tłumaczenie:

Wieje te różne konszelki stały się burzliwe, a tym samym, wibrując zarówno na niebie, jak i na ziemi, rozbiły serca synów Dhrtarastry.

Tekst 20

Tłumaczenie:

O Królu, w tym czasie Arjuna, syn Pandu, który siedział w swoim rydwanie, jego flaga oznaczona Hanumanem, wziął swój łuk i przygotował się do wystrzelenia swoich strzał, patrząc na synów Dhrtarastra. O Królu, Arjuna przemówił wtedy do Hrsikesa [Krsna] te słowa:

Teksty 21-22

Tłumaczenie:

Arjuna powiedział: O nieomylny, proszę narysować mój rydwan pomiędzy dwoma armiami, abym mógł zobaczyć, kto jest tu obecny, kto pragnie walczyć, i z kim muszę walczyć w tej wielkiej próbie bitwy.

Tekst 23

Tłumaczenie:

Pozwól mi zobaczyć tych, którzy przyszli tu walczyć, chcąc zadowolić złego syna Dhrtarastry.

Tekst 24

Tłumaczenie:

Sanjaya powiedział: O potomek Bharaty, do którego tak zwracał się Arjuna, Pan Krsna sporządził wspaniały rydwan pośród armii obu stron.

Tekst 25
Tłumaczenie:
W obecności Bhismy, Drony i wszystkich innych wodzów świata, Hrsikesa, Pan powiedział, oto Partha, wszyscy Kurusowie, którzy są tu zebrani.

Tekst 26
Tłumaczenie:
Arjuna mógł tam zobaczyć, pośród armii obu stron, swoich ojców, dziadków, nauczycieli, wujków matek, braci, synów, wnuków, przyjaciół, a także teścia i życzliwych - wszystkich tam obecnych.

Tekst 27
Tłumaczenie:
Kiedy syn Kunti, Arjuna, zobaczył wszystkie te różne stopnie przyjaciół i krewnych, stał się przytłoczony współczuciem i mówił w ten sposób:

Tekst 28
Tłumaczenie:
Arjuna powiedział: Moja droga Krsna, widząc moich przyjaciół i krewnych obecnych przede mną w takim duchu walki, czuję drżenie kończyn mojego ciała i wysychanie ust.

"Ten, kto ma niezłomne oddanie dla Osobowości Boskiej, ma wszystkie dobre cechy półbogów". Ale ten, kto nie jest wielbicielem Pana, ma tylko materialne kwalifikacje, które mają niewielką wartość. To dlatego, że unosi się na płaszczyźnie mentalnej i na pewno zostanie przyciągnięty przez rażącą energię materialną". (Bhag. 5.18.12)

Tekst 29
Tłumaczenie:
Całe moje ciało drży, a moje włosy stoją na końcu. Mój łuk Gandiva zsuwa mi się z ręki, a moja skóra się pali.

Tekst 30
Tłumaczenie:
Teraz nie mogę już tu dłużej stać. Zapominam o sobie, a mój umysł się zatacza. Przewiduję tylko zło, O zabójco demona Kesi.
Tekst 31
Tłumaczenie:
Nie widzę, jak jakiekolwiek dobro może pochodzić z zabijania moich własnych krewnych w tej walce, ani ja, moja droga Krsna, nie mogę pragnąć żadnego kolejnego zwycięstwa, królestwa czy szczęścia.

Teksty 32-35
Tłumaczenie:
O Gowindo, z tego, co nam daje królestwo, szczęście, a nawet samo życie, gdy wszyscy ci, dla których możemy ich pragnąć, są teraz na tym polu walki? O Madhusudanie, kiedy nauczyciele, ojcowie, synowie, dziadkowie, wujkowie, ojcowie, wnuki, szwagrowie i wszyscy krewni są gotowi oddać swoje życie i majątek i stoją przede mną, to dlaczego miałbym chcieć ich zabić, choćbym mógł przeżyć? O opiekunie wszystkich stworzeń, nie jestem gotów walczyć z nimi nawet w zamian za trzy światy, nie mówiąc już o tej ziemi.

Tekst 36
Tłumaczenie:
Grzech nas pokona, jeśli zabijemy takich agresorów. Dlatego nie jest właściwe dla nas zabijanie synów Dhrtarastry i naszych przyjaciół. Co powinniśmy zyskać, O Krsna, mężu bogini fortuny, i jak możemy być szczęśliwi zabijając własnych krewnych?

Teksty 37-38
Tłumaczenie:
O Janardana, chociaż ci ludzie, wyprzedzeni przez chciwość, nie widzą żadnej winy w zabijaniu swojej rodziny lub kłóceniu się z przyjaciółmi, dlaczego mielibyśmy, ze świadomością grzechu, angażować się w te czyny?

Tekst 39
Tłumaczenie:
Wraz z upadkiem dynastii zanika odwieczna tradycja rodzinna, a tym samym reszta rodziny angażuje się w niereligijną praktykę.

Tekst 40
Tłumaczenie:
Kiedy niereligijność jest widoczna w rodzinie, O Krsna, kobiety z rodziny stają się skorumpowane, a z degradacji kobiecości, O potomek Vrsni, przychodzi niechciane potomstwo.

Tekst 41
Tłumaczenie:
Gdy rośnie liczba niechcianych ludzi, tworzy się piekielna sytuacja zarówno dla rodziny, jak i dla tych, którzy niszczą rodzinną tradycję. W tak skorumpowanych rodzinach nie oferuje się przodkom oblatów żywności i wody.

Tekst 42
Tłumaczenie:
Z powodu złych uczynków niszczycieli tradycji rodzinnych, wszelkiego rodzaju projekty wspólnotowe i działania na rzecz rodziny są niszczone.

Tekst 43
Tłumaczenie:
O Krsna, opiekunko ludu, słyszałam przez sukcesję dyscyplinarną, że ci, którzy niszczą tradycje rodzinne, mieszkają zawsze w piekle.

Tekst 44
Tłumaczenie:
Niestety, jakże dziwne jest to, że przygotowujemy się do popełniania bardzo grzesznych czynów, napędzani pragnieniem cieszenia się królewskim szczęściem.

Tekst 45
Tłumaczenie:
Lepiej, żeby synowie Dhrtarastry zabili mnie bezbronnie i bez oporu, niż walczyli z nimi.

Tekst 46
Tłumaczenie:
Sanjaya powiedział: Arjuna, przemawiając w ten sposób na polu bitwy, odrzucił swój łuk i strzały i usiadł na rydwanie, jego umysł ogarnięty był żalem.

Rozdział 2: Zawartość Gity Podsumowana

Tekst 1
Tłumaczenie:
Sanjaya powiedział: Widząc Arjunę pełnego współczucia i bardzo smutnego, jego oczy pełne łez, Madhusudana, Krsna, wypowiedziała następujące słowa.

Tekst 2
Tłumaczenie:
Powiedział Najwyższy Człowiek [Bhagavan]: Mój drogi Arjunie, jak te zanieczyszczenia trafiły na ciebie? Wcale nie pasują one do człowieka, który zna postępowe wartości życia. Nie prowadzą do wyższych planet, ale do infamii.

Tekst 3
Tłumaczenie:
O synu Prtha, nie poddawaj się tej poniżającej impotencji. Nie staje się tobą. Wyrzeknij się takiej małostkowej słabości serca i powstań, o karzełku wroga.

Tekst 4
Tłumaczenie:
Arjuna powiedział: O zabójco Madhu [Krsna], jak mogę kontratakować strzałami w wojownikach takich jak Bhisma i Drona, którzy są godni mojego kultu?

Tekst 5
Tłumaczenie:
Lepiej jest żyć na tym świecie błagając, niż żyć kosztem życia wielkich dusz, które są moimi nauczycielami. Mimo że są chciwi, to jednak są przełożonymi. Jeśli zostaną zabici, nasze łupy zostaną skażone krwią.

Tekst 6

Tłumaczenie:

Nie wiemy też, który z nich jest lepszy do zdobycia, a który do zdobycia przez nich. Synowie Dhrtarastry, których, gdybyśmy zabili, nie dbaliby o życie, stoją teraz przed nami na tym polu walki.

Tekst 7

Tłumaczenie:

Teraz jestem zdezorientowany co do mojego obowiązku i straciłem cały spokój z powodu słabości. W tym stanie proszę, abyś powiedział mi jasno, co jest dla mnie najlepsze. Teraz jestem twoim uczniem, a dusza poddała się tobie. Proszę mnie poinstruować.

Tekst 8

Tłumaczenie:

Nie mogę znaleźć sposobu na odpędzenie tego żalu, który wysusza moje zmysły. Nie będę w stanie go zniszczyć, nawet jeśli wygram niezrównane królestwo na ziemi z suwerennością taką jak u półbogów w niebie.

Tekst 9

Tłumaczenie:

Sanjaya powiedział: Mówiąc tak, Arjuna, kardynał wrogów, powiedział Krsnie: "Gowinda, nie będę walczył" i zamilkł.

Tekst 10

Tłumaczenie:

O potomek Bharaty, w tym czasie Krsna, uśmiechnięta pośród obu armii, wypowiedziała następujące słowa do pogrążonej w smutku Arjuna.

Tekst 11

Tłumaczenie:

Błogosławiony Pan powiedział: Mówiąc wyuczone słowa, opłakujecie to, co nie jest godne żalu. Ci, którzy są mądrzy, nie lamentują ani za żywych, ani za zmarłych.

Tekst 12

Tłumaczenie:

Nigdy nie było czasu, kiedy ja nie istniałem, ani wy, ani wszyscy ci królowie; ani w przyszłości nikt z nas nie przestanie być.

Tekst 13

Tłumaczenie:

W miarę jak wcielona dusza nieustannie przechodzi w tym ciele, od dzieciństwa do młodości, aż do starości, dusza podobnie przechodzi do innego ciała w chwili śmierci. Samourzeczywistniona dusza nie jest zdumiona taką zmianą.

Tekst 14

Tłumaczenie:

O synu Kuntiego, nietrwałe pojawienie się szczęścia i niepokoju, i ich zniknięcie w odpowiednim czasie, są jak pojawienie się i zniknięcie sezonu zimowego i letniego. Wynikają one z percepcji zmysłów, O zrazu Bharata, i trzeba nauczyć się je tolerować bez zakłóceń.

Tekst 15

Tłumaczenie:

O najlepsze wśród mężczyzn [Arjuna], osoba, której nie przeszkadza szczęście i niepokój i która jest stabilna w obu, z pewnością kwalifikuje się do wyzwolenia.

Tekst 16

Tłumaczenie:

Ci, którzy widzą prawdę, doszli do wniosku, że z nieistniejących nie ma wytrwałości, a z istniejących nie ma ustania. Prorocy ci doszli do wniosku, badając charakter obydwu.

Tekst 17

Tłumaczenie:

Wiedz, że to, co przenika całe ciało, jest niezniszczalne. Nikt nie jest w stanie zniszczyć nietrwałej duszy.

Tekst 18

Tłumaczenie:

Tylko materialne ciało niezniszczalnej, niezmierzonej i wiecznie żyjącej istoty podlega zniszczeniu; dlatego też walcz, O potomku Bharaty.

Tekst 19

Tłumaczenie:

Ten, kto uważa, że żywa istota jest zabójcą lub że jest zabita, nie rozumie. Ten, kto jest w wiedzy, wie, że ja nie zabija ani nie jest zabijany.

Tekst 20

Tłumaczenie:

Dla duszy nigdy nie ma narodzin ani śmierci. I nigdy nie przestaje nim być. On jest nienarodzony, wieczny, wiecznie istniejący, nieśmiertelny i pierwotny. Nie zabija się go, gdy ciało jest zabijane.

Tekst 21

Tłumaczenie:

O Parto, jak może człowiek, który wie, że dusza jest niezniszczalna, nienarodzona, wieczna i niezmienna, zabić kogoś lub sprawić, że ktoś zabije?

Tekst 22

Tłumaczenie:

Kiedy człowiek zakłada nowe ubrania, rezygnuje ze starych, podobnie dusza przyjmuje nowe materialne ciała, rezygnuje ze starych i bezużytecznych.

Tekst 23

Tłumaczenie:

Dusza nigdy nie może być pocięta na kawałki przez żadną broń, nie może być spalona przez ogień, nie może być zwilżona przez wodę, ani uschnięta przez wiatr.

Tekst 24
Tłumaczenie:
Ta pojedyncza dusza jest niełamliwa i nierozpuszczalna, nie może być ani spalona, ani wysuszona. On jest wieczny, wszechprzenikający, niezmienny, nieruchomy i wiecznie taki sam.
Tekst 25
Tłumaczenie:
Mówi się, że dusza jest niewidzialna, niewyobrażalna, niezmienna i niezmienna. Wiedząc o tym, nie należy opłakiwać ciała.

Tekst 26
Tłumaczenie:
Jeśli jednak uważacie, że dusza rodzi się wiecznie i zawsze umiera, to i tak nie macie powodu do lamentów, O potężny-zbrojony.

Tekst 27
Tłumaczenie:
Dla tego, kto odebrał swoje narodziny, śmierć jest pewna, a dla tego, kto nie żyje, narodziny są pewne. W związku z tym, w nieunikniony sposób wypełniając swój obowiązek, nie powinien pan płakać.

Tekst 28
Tłumaczenie:
Wszystkie stworzone istoty są nieujarzmione w swoim początku, przejawiają się w swoim stanie tymczasowym i nieujarzmione ponownie, gdy są unicestwione. Więc co jest potrzebne do lamentów?

Tekst 2
Tłumaczenie:
Niektórzy patrzą na duszę jako niesamowitą, niektórzy opisują go jako niesamowitego, a niektórzy słyszą o nim jako niesamowitym, podczas gdy inni, nawet po usłyszeniu o nim, nie mogą go w ogóle zrozumieć.

Tekst 30
Tłumaczenie:
O potomku Bharaty, ten kto mieszka w ciele jest wieczny i nigdy nie może zostać zabity. Dlatego nie musisz opłakiwać żadnego stworzenia.

Tekst 56
Tłumaczenie:
Ten, kto nie jest zaniepokojony pomimo potrójnych nieszczęść, kto nie jest podniecony, gdy jest szczęście, i kto jest wolny od przywiązania, strachu i gniewu, jest nazywany mędrcem stałego umysłu.
Tekst 57
Tłumaczenie:
Ten, kto jest bez przywiązania, kto nie cieszy się, gdy otrzymuje dobro, ani nie płacze, gdy otrzymuje zło, jest mocno osadzony w doskonałej znajomości.

Tekst 58
Tłumaczenie:
Tego, kto jest w stanie odebrać zmysły przedmiotom zmysłowym, tak jak żółw rysuje swoje kończyny w muszli, należy rozumieć jako prawdziwie usytuowanego w wiedzy.

Tekst 59
Tłumaczenie:
Wcielona dusza może być ograniczona od przyjemności zmysłowych, choć smak zmysłowych przedmiotów pozostaje. Ale, zaprzestając takich zaangażowań poprzez doświadczanie wyższego gustu, jest on utrwalony w świadomości.

Tekst 60
Tłumaczenie:
Zmysły są tak silne i żywiołowe, O Arjunie, że siłą porywają umysł nawet człowieka dyskryminacji, który stara się je kontrolować.

Tekst 61
Tłumaczenie:
Ten, kto krępuje swoje zmysły i przywiązuje swoją świadomość do mnie, jest znany jako człowiek o stałej inteligencji.

Tekst 62
Tłumaczenie:
Kontemplując przedmioty zmysłów, człowiek rozwija dla nich przywiązanie, a z tego przywiązania rozwija się żądza, a z żądzy powstaje gniew.

Tekst 63
Tłumaczenie:
Z gniewu powstaje urojenie, a z urojenia zdumienie pamięci. Gdy pamięć jest zdumiona, traci się inteligencję, a gdy traci się inteligencję, ponownie wpada się do puli materiałów.

Tekst 64
Tłumaczenie:
Ten, kto może kontrolować swoje zmysły poprzez praktykowanie regulowanych zasad wolności, może uzyskać całkowite miłosierdzie Pana i w ten sposób stać się wolnym od wszelkich przywiązań i niechęci.
Tekst 65
Tłumaczenie:
Dla kogoś, kto jest tak usytuowany w Boskiej świadomości, nie istnieją już potrójne nieszczęścia materialnej egzystencji; w takim szczęśliwym stanie, jego inteligencja szybko staje się stabilna.

Tekst 66
Tłumaczenie:
Ten, kto nie jest w transcendentalnej świadomości, nie może mieć ani kontrolowanego umysłu, ani stałej inteligencji, bez której nie ma możliwości zaznać spokoju. A jak może być jakiekolwiek szczęście bez spokoju?

Tekst 67
Tłumaczenie:
Gdy łódź na wodzie zostaje zmieciona przez silny wiatr, nawet jeden ze zmysłów, na którym skupia się umysł, może zabrać człowiekowi jego inteligencję.

Tekst 68

Tłumaczenie:

Dlatego też, O potężny uzbrojony, którego zmysły są powstrzymywane od swoich przedmiotów, jest z pewnością stałej inteligencji.

Tekst 69

Tłumaczenie:

To, co jest nocą dla wszystkich istot, jest czasem przebudzenia dla samokontrolowanych; a czas przebudzenia dla wszystkich istot jest nocą dla introspekcyjnego mędrca.

Tekst 70

Tłumaczenie:

Osoba, której nie przeszkadza nieustanny przepływ pragnień - która wchodzi jak rzeki do oceanu, który jest zawsze wypełniony, ale zawsze jest nieruchomy - może osiągnąć pokój, a nie człowiek, który dąży do zaspokojenia tych pragnień.

Tekst 71

Tłumaczenie:

Osoba, która porzuciła wszelkie pragnienia dla zaspokojenia zmysłów, która żyje wolna od pragnień, która porzuciła wszelkie poczucie własności i jest pozbawiona fałszywego ego - tylko ona może osiągnąć prawdziwy pokój.

Tekst 72

Tłumaczenie:

To jest droga życia duchowego i bogobojnego, po osiągnięciu której człowiek nie jest zdumiony. Będąc tak usytuowanym, nawet w godzinie śmierci, można wejść do królestwa Bożego.

Rozdział 3: Karma-joga

Tekst 1
Tłumaczenie:
Arjuna powiedział: O Janardana, o Kesavie, dlaczego wzywasz mnie do zaangażowania się w tę upiorną wojnę, jeśli uważasz, że inteligencja jest lepsza niż owocna praca?

Tekst 2
Tłumaczenie:
Moja inteligencja jest zdumiona twoimi dwuznacznymi instrukcjami. Dlatego proszę mi zdecydowanie powiedzieć, co jest dla mnie najbardziej korzystne.

Tekst 3
Tłumaczenie:
Błogosławiony Pan powiedział: O bezgrzeszny Arjunie, wyjaśniłem już, że istnieją dwie klasy mężczyzn, którzy realizują siebie. Niektórzy są skłonni zrozumieć go przez empiryczne, filozoficzne spekulacje, a inni są skłonni poznać go przez pobożną pracę.

Tekst 4
Tłumaczenie:
Nie tylko powstrzymując się od pracy, można osiągnąć wolność od reakcji, ani też przez samo wyrzeczenie się nie można osiągnąć doskonałości.

Tekst 5
Tłumaczenie:
Wszyscy ludzie są zmuszeni do bezsilnego działania zgodnie z impulsami, które rodzą się z trybów natury materialnej, dlatego nikt nie może powstrzymać się od zrobienia czegoś, nawet na chwilę.

Tekst 6
Tłumaczenie:
Ten, kto krępuje zmysły i organy działania, ale którego umysł zamieszkuje zmysłowe przedmioty, na pewno się łudzi i jest nazywany pretendentem.

Tekst 7

Tłumaczenie:

Z drugiej strony, ten, kto kontroluje zmysły przez umysł i angażuje swoje aktywne organy w dzieła pobożności, bez przywiązania, jest zdecydowanie wyższy.

Tekst 8

Tłumaczenie:

Wypełniaj swoje obowiązki, bo działanie jest lepsze niż bezczynność. Człowiek nie może nawet utrzymać swojego ciała fizycznego bez pracy.

Tekst 9

Tłumaczenie:

Praca wykonana jako ofiara za Visnu musi być wykonana, w przeciwnym razie praca wiąże się z tym materialnym światem. Dlatego, synu Kuntiego, wykonuj swoje obowiązki, które przepisałeś dla Jego satysfakcji, i w ten sposób zawsze pozostaniesz niezrzeszony i wolny od niewoli.

Tekst 10

Tłumaczenie:

Na początku stworzenia Pan wszystkich stworzeń zesłał pokolenia ludzi i półbogów, wraz z ofiarami za Visnu, i pobłogosławił ich mówiąc: "Bądź szczęśliwy z tej jajny [ofiary], ponieważ jej wykonanie da ci wszystkie pożądane rzeczy".

Tekst 11

Tłumaczenie:

Półbogowie, ciesząc się z poświęceń, będą się podobać i wam; w ten sposób pożywiając się nawzajem, będzie panować ogólny dobrobyt dla wszystkich.

Tekst 12

Tłumaczenie:

Odpowiedzialni za różne potrzeby życiowe, półbogowie, zadowalając się występem jajny, dostarczają człowiekowi wszystkich potrzebnych rzeczy.

Ale ten, kto cieszy się tymi darami, nie oferując ich w zamian półbogom, jest z pewnością złodziejem.

Tekst 13

Tłumaczenie:

Wielbiciele Pana są uwolnieni od wszelkiego rodzaju grzechów, ponieważ jedzą pokarm, który jest oferowany jako pierwszy na ofiarę. Inni, którzy przygotowuja jedzenie dla przyjemnosci osobistych zmysłów, zaiste jedza tylko grzech.

Tekst 14

Tłumaczenie:

Wszystkie żywe ciała utrzymują się na ziarnach pożywienia, które są produkowane z deszczu. Dary są produkowane przez wykonanie yajna [ofiary], a yajna rodzi się z przepisanych obowiązków.

Tekst 15

Tłumaczenie:

Regulowane czynności są zapisane w Wedach, a Wedy są bezpośrednio wyrażone przez Najwyższą Osobowość Boskiej Głowy. W konsekwencji wszechprzenikająca transcendencja jest wiecznie usytuowana w aktach poświęcenia.

Tekst 16

Tłumaczenie:

Mój drogi Arjunie, człowiek, który nie stosuje się do tego przepisanego wedyjskiego systemu ofiary, z pewnością prowadzi życie w grzechu, ponieważ człowiek zachwycający się tylko zmysłami żyje na próżno.

Tekst 17

Tłumaczenie:

Kto jednak cieszy się z siebie, kto jest oświecony w sobie, kto się cieszy i jest zadowolony tylko z siebie, w pełni nasycony dla niego nie ma obowiązku.

Tekst 18
Tłumaczenie:
Człowiek samoregulujący się nie ma żadnego celu do spełnienia w wykonywaniu swoich obowiązków, ani nie ma żadnego powodu, aby nie wykonywać takiej pracy. Nie musi też polegać na żadnej innej żywej istocie.

Tekst 19
Tłumaczenie:
Dlatego też, nie będąc przywiązanym do owoców działalności, należy działać jako obowiązek, gdyż pracując bez przywiązania, osiąga się Najwyższego.

Tekst 20
Tłumaczenie:
Wieczni królowie, tacy jak Janaka i inni, osiągnęli perfekcyjną scenę, wykonując powierzone im obowiązki. Dlatego też, tylko w celu kształcenia ludzi w ogóle, powinniście wykonywać swoją pracę.

Tekst 21
Tłumaczenie:
Niezależnie od tego, jakie działanie wykonuje wielki człowiek, zwykli ludzie idą w jego ślady. I niezależnie od tego, jakie standardy wyznacza wzorowymi aktami, cały świat dąży do tego.

Tekst 22
Tłumaczenie:
O synu Prtha, nie ma dla mnie żadnej pracy przepisanej we wszystkich trzech układach planetarnych. Niczego mi nie brakuje, ani nie muszę niczego uzyskiwać - a mimo to jestem zaangażowany w pracę.

Tekst 23
Tłumaczenie:
Bo gdybym nie zaangażował się w pracę, O Partha, na pewno wszyscy ludzie poszliby moją drogą.

Tekst 24
Tłumaczenie:
Gdybym przestał pracować, to wszystkie te światy zostałyby zrujnowane. Byłbym również przyczyną stworzenia niechcianej populacji, a tym samym zniszczyłbym pokój wszystkich czujących istot.

Tekst 25
Tłumaczenie:
Ponieważ ignoranci wykonują swoje obowiązki z przywiązaniem do wyników, podobnie uczeni mogą również działać, ale bez przywiązania, dla dobra prowadzenia ludzi na właściwej drodze.

Tekst 26
Tłumaczenie:
Niech mądrzy nie zakłócają umysłów ignorantów, którzy są przywiązani do owocnego działania. Nie należy ich zachęcać do powstrzymywania się od pracy, lecz do angażowania się w pracę w duchu pobożności.

Tekst 27
Tłumaczenie:
Zdumiona dusza ducha, pod wpływem trzech rodzajów natury materialnej, uważa się za wykonawcę czynności, które w rzeczywistości są wykonywane przez naturę.
Tekst 28

Tłumaczenie:
Ten, kto zna Absolutną Prawdę, O potężny, nie angażuje się w zmysły i poczucie zaspokojenia, dobrze znając różnice między pracą w poświęceniu a pracą dla owocnych rezultatów.
Tekst 29

Tłumaczenie:
Zdumieni sposobami natury materialnej, ignoranci w pełni angażują się w działania materialne i stają się przywiązani. Mądrzy nie powinni ich jednak niepokoić, choć obowiązki te są gorsze z powodu braku wiedzy wykonawców.

Tekst 30
Tłumaczenie:
Dlatego też, O Arjuno, oddając mi wszystkie swoje dzieła, z zamiarem umysłu na mnie i bez chęci zysku i wolny od egoizmu i letargu, walcz.

Tekst 31
Tłumaczenie:
Ten, kto wykonuje swoje obowiązki zgodnie z moimi nakazami i kto wiernie stosuje się do tej nauki, bez zazdrości, uwalnia się z niewoli owocnych czynów.

Tekst 32
Tłumaczenie:
Ale ci, którzy z zazdrości lekceważą te nauki i nie praktykują ich regularnie, mają być uważani za pozbawionych wszelkiej wiedzy i skazanych na ignorancję i niewolę.

Tekst 33
Tłumaczenie:
Nawet człowiek wiedzy działa zgodnie z własną naturą, bo każdy podąża za swoją naturą. Co można osiągnąć dzięki represjom?

Tekst 34
Tłumaczenie:
Przyciąganie i odpychanie obiektów zmysłowych jest odczuwane przez istoty wcielone, ale nie należy kontrolować zmysłów i obiektów zmysłowych, ponieważ są one przeszkodą na drodze do samorealizacji.

Tekst 35
Tłumaczenie:
O wiele lepiej jest wykonywać swoje obowiązki, nawet jeśli mogą one być wadliwe, niż inne. Niszczenie w trakcie wykonywania własnych obowiązków jest lepsze niż angażowanie się w obowiązki innych, bo podążanie inną drogą jest niebezpieczne.

Tekst 36
Tłumaczenie:
Arjuna powiedział: O potomku Vrsni, przez co człowiek jest zmuszany do grzesznych czynów, nawet niechcących, jakby na siłę?

Tekst 37
Tłumaczenie:
Błogosławiony Pan powiedział: To tylko żądza, Arjuna, która rodzi się z kontaktu z materialnymi sposobami namiętności, a później przekształca się w gniew, i która jest wszechpożerającym, grzesznym wrogiem tego świata.

Tekst 38
Tłumaczenie:
Tak jak ogień przykryty jest dymem, tak lustro przykryte jest pyłem, lub jak zarodek przykryty jest łonem, tak samo żywa istota przykryta jest różnymi stopniami tej pożądliwości.

Tekst 39
Tłumaczenie:
W ten sposób czysta świadomość człowieka jest przykryta przez jego odwiecznego wroga w postaci żądzy, która nigdy nie jest zaspokojona i która pali się jak ogień.

Tekst 40
Tłumaczenie:
Zmysły, umysł i inteligencja są miejscami siedzącymi tej żądzy, która zasłania prawdziwą wiedzę o żywej istocie i oszałamia go."

Tekst 41
Tłumaczenie:
Dlatego też, O Arjunie, najlepszy z Bharatów, na samym początku ogranicz ten wielki symbol grzechu [pożądania] poprzez regulację zmysłów i zabij tego niszczyciela wiedzy i samorealizacji.

Tekst 42

Tłumaczenie:

Zmysły robocze są lepsze od materii tępej; umysł jest wyższy od zmysłów; inteligencja jest wciąż wyższa od umysłu; a on [dusza] jest nawet wyższy od inteligencji.

Tekst 43

Tłumaczenie:

Wiedząc w ten sposób, że jest się transcendentnym do zmysłów materialnych, umysłu i inteligencji, należy kontrolować niższe ja przez wyższe ja i w ten sposób - przez duchową siłę - podbić tego nienasyconego wroga znanego jako pożądliwość.

Rozdział 4: Wiedza transcendentalna

Tekst 1
Tłumaczenie:
Błogosławiony Pan powiedział: Ja poinstruowałem tę nieuchronną naukę jogi bogowi słońca, Vivasvanowi, a Vivasvan poinstruował ją Manu, ojcu ludzkości, a Manu z kolei poinstruował ją Iksvaku.

Tekst 2
Tłumaczenie:
Ta najwyższa nauka została w ten sposób przyjęta przez łańcuch sukcesji dyscyplinarnej, a święci królowie rozumieli ją w ten sposób. Ale z biegiem czasu sukcesja została przerwana, a zatem nauka w obecnym kształcie wydaje się zagubiona.

Tekst 3
Tłumaczenie:
Ta bardzo starożytna nauka o związku z Najwyższym jest dziś opowiadana przeze mnie wam, ponieważ jesteście moimi wielbicielami, jak i moimi przyjaciółmi; dlatego możecie zrozumieć transcendentną tajemnicę tej nauki.

Tekst 4
Tłumaczenie:
Arjuna powiedział: Bóg słońca Vivasvan jest dla ciebie starszy od urodzenia. Jak mam zrozumieć, że na początku poinstruowałeś go o tej nauce?

Tekst 5
Tłumaczenie:
Błogosławiony Pan powiedział: Wiele, wiele porodów zarówno ty jak i ja przeszliśmy. Pamiętam je wszystkie, ale ty nie możesz, O podwładny wroga!

Tekst 6
Tłumaczenie:
Chociaż jestem nienarodzony i moje transcendentalne ciało nigdy nie pogarsza się, i chociaż jestem Panem wszystkich czujących istot, to jednak w każdym tysiącleciu pojawiam się w mojej oryginalnej transcendentalnej formie.

Tekst 7
Tłumaczenie:
Kiedykolwiek i gdziekolwiek następuje spadek praktyk religijnych, O potomku Bharaty, i dominujący wzrost niereligijności - w tym czasie ja sam jestem potomkiem.

Tekst 8
Tłumaczenie:
Aby wyzwolić pobożnych i unicestwić nieszczęśników, a także przywrócić zasady religii, ominąłem siebie tysiąc lat po tysiącleciu.

Tekst 9
Tłumaczenie:
Ten, kto zna transcendentną naturę mojego wyglądu i działalności, nie przyjmuje na nowo narodzin w tym materialnym świecie, lecz osiąga moje wieczne mieszkanie, O Arjunie.

Tekst 10
Tłumaczenie:
Będąc uwolnionymi od przywiązania, strachu i gniewu, będąc w pełni pochłoniętymi we Mnie i przyjmując schronienie we Mnie, wielu, wielu ludzi w przeszłości zostało oczyszczonych przez poznanie Mnie - i w ten sposób wszyscy oni osiągnęli transcendentną miłość do Mnie.

Tekst 11
Tłumaczenie:
Wszystkich, którzy mi się poddadzą, odpowiednio wynagrodzę. Wszyscy podążają moją drogą pod każdym względem, O synu Prtha.

Tekst 12

Tłumaczenie:

Mężczyźni na tym świecie pragną sukcesu w owocnych działaniach, dlatego też czczą półbogów. Szybko, oczywiście, mężczyźni otrzymują rezultaty owocnej pracy na tym świecie.

Tekst 13

Tłumaczenie:

Zgodnie z trzema trybami natury materialnej i przypisaną im pracą, cztery podziały ludzkiego społeczeństwa zostały stworzone przeze mnie. I choć jestem twórcą tego systemu, powinniście wiedzieć, że to ja jestem jeszcze niejedzącym, niezmiennym.

Tekst 14

Tłumaczenie:

Nie ma pracy, która by mnie dotknęła, ani nie aspiruję do owoców działania. Ten, kto rozumie tę prawdę o mnie, również nie wplątuje się w owocne reakcje pracy.

Tekst 15

Tłumaczenie:

Wszystkie wyzwolone dusze w czasach starożytnych działały z tym zrozumieniem i w ten sposób osiągnęły wyzwolenie. Dlatego, jako starożytni, powinniście wypełniać swój obowiązek w tej Boskiej świadomości.

Tekst 16

Tłumaczenie:

Nawet inteligentni są zdumieni określeniem, co to jest działanie, a co brak działania. Teraz wyjaśnię wam, czym jest działanie, wiedząc, że zostaniecie wyzwoleni od wszystkich grzechów.

Tekst 17

Tłumaczenie:

Zawiłości działania są bardzo trudne do zrozumienia. Dlatego należy wiedzieć właściwie, co to jest działanie, co jest działaniem zabronionym, a co brakiem działania.

Jeśli poważnie myślimy o wyzwoleniu się z materialnej niewoli, musimy zrozumieć rozróżnienie pomiędzy działaniem, bezczynnością i nieautoryzowanym działaniem. Do takiej analizy działania, reakcji i perwersji należy się odnieść, ponieważ jest to bardzo trudny temat. Aby zrozumieć świadomość Krsna i działanie według trybów, trzeba nauczyć się relacji z Najwyższym, tzn. ten, kto nauczył się doskonale wie, że każda żywa istota jest wiecznym sługą Pana i że w konsekwencji trzeba działać w świadomości Krsna. Cały Bhagavad-gita jest ukierunkowany na ten wniosek. Wszelkie inne wnioski, przeciwko tej świadomości i związanym z nią reakcjom, są wikarmi lub działaniami zaporowymi. Żeby to wszystko zrozumieć, trzeba związać się z autorytetami w świadomości Krsnej i poznać tajemnicę od nich; to jest tak samo dobre jak uczyć się bezpośrednio od Pana. W przeciwnym razie, nawet najbardziej inteligentna osoba będzie zdumiona.

Tekst 18
Tłumaczenie:
Ten, kto widzi bezczynność w działaniu, i działanie w bezczynności, jest inteligentny wśród mężczyzn, i jest w pozycji transcendentnej, choć zaangażowany we wszelkiego rodzaju działania.

Tekst 19
Tłumaczenie:
Rozumie się, że jest się w pełni świadomym, że każdy czyn jest pozbawiony pragnienia zaspokojenia zmysłów. Mędrcy mówią o nim, że jest robotnikiem, którego owocne działanie jest spalone przez ogień doskonałej wiedzy.

Tekst 20
Tłumaczenie:
Porzucając wszelkie przywiązanie do wyników swojej działalności, zawsze zadowolony i niezależny, nie podejmuje żadnych owocnych działań, choć angażuje się we wszelkiego rodzaju przedsięwzięcia.

Tekst 21
Tłumaczenie:
Taki rozumny człowiek działa z umysłem i inteligencją doskonale opanowaną, rezygnuje z wszelkiego poczucia własności nad swoim dobytkiem i działa tylko dla gołych potrzeb życia. W ten sposób działa, nie jest on dotknięty grzesznymi reakcjami.

Tekst 22
Tłumaczenie:
Kto jest zadowolony z zysku, który przychodzi z własnej woli, kto jest wolny od dwoistości i nie zazdrości, kto jest stały zarówno w sukcesie i porażce, nigdy nie jest uwikłany, choć wykonywania działań.

Tekst 23
Tłumaczenie:
Dzieło człowieka, który nie jest przywiązany do sposobów natury materialnej i który jest w pełni usytuowany w wiedzy transcendentnej, łączy się całkowicie w transcendencję.

Tekst 24
Tłumaczenie:
Osoba, która jest w pełni pochłonięta w świadomości Krsna, na pewno osiągnie duchowe królestwo dzięki pełnemu wkładowi w duchowe działania, w których konsumowanie jest absolutne, a to, co jest oferowane, ma tę samą duchową naturę.

Tekst 25
Tłumaczenie:
Niektórzy jogini doskonale oddają cześć półbogom, składając im różne ofiary, a niektórzy z nich składają ofiary w ogniu najwyższego Brahmana.

Tekst 26
Tłumaczenie:
Niektórzy z nich poświęcają proces słuchania i zmysły w ogniu kontrolowanego umysłu, a inni poświęcają przedmioty zmysłów, takie jak dźwięk, w ogniu ofiary.

Tekst 27
Tłumaczenie:
Ci, którzy są zainteresowani samorealizacją, w zakresie kontroli umysłu i zmysłów, oferują funkcje wszystkich zmysłów, jak również siłę życiową [oddech], jako oblacje w ogień kontrolowanego umysłu.

Tekst 28
Tłumaczenie:
Są też inni, którzy oświeceni przez poświęcenie swoich dóbr materialnych w surowych warunkach, składają surowe śluby i praktykują jogę ośmiokrotnego mistycyzmu, a inni studiują Wedy dla rozwoju wiedzy transcendentalnej.

Tekst 29
Tłumaczenie:
Są nawet inni, którzy są skłonni do procesu powstrzymywania oddechu, aby pozostać w transie, a oni ćwiczą zatrzymywanie ruchu wychodzącego oddechu w przychodzącym, i przychodzącego oddechu w wychodzącym, a więc w końcu pozostać w transie, zatrzymując cały oddech. Niektóre z nich, ograniczając proces jedzenia, składają w ofierze wychodzący oddech do siebie.

Tekst 30
Tłumaczenie:
Wszyscy ci wykonawcy, którzy znają znaczenie ofiary, stają się oczyszczeni z grzesznej reakcji, a skosztowawszy nektaru resztek takiej ofiary, idą do najwyższej, wiecznej atmosfery.

Tekst 31
Tłumaczenie:
O najlepsze z dynastii Kuru, bez poświęcenia nigdy nie można żyć szczęśliwie na tej planecie, ani w tym życiu: co potem?

Tekst 32
Tłumaczenie:
Wszystkie te różne rodzaje poświęcenia są zatwierdzone przez Wedy, a wszystkie one rodzą się z różnych rodzajów pracy. Znając je jako takie, staniesz się wyzwolony.

Tekst 33
Tłumaczenie:
O karcicielu wroga, ofiara wiedzy jest większa niż ofiara dóbr materialnych. O synu Prthy, przecież ofiara pracy kończy się na transcendentalnej wiedzy.
Tekst 34
Tłumaczenie:
Po prostu spróbuj poznać prawdę, zbliżając się do mistrza duchowego. Zwracajcie się do niego z uległością i świadczcie mu usługi. Samourzeczywistniona dusza może przekazać wam wiedzę, ponieważ widziała prawdę.

Tekst 35
Tłumaczenie:
A kiedy w ten sposób poznacie prawdę, będziecie wiedzieć, że wszystkie żywe istoty są tylko częścią Mnie - i że są we Mnie i są moje.

Tekst 36
Tłumaczenie:
Nawet jeśli zostaniesz uznany za najbardziej grzesznego ze wszystkich grzeszników, gdy znajdziesz się w łodzi transcendentalnej wiedzy, będziesz mógł przekroczyć ocean nieszczęść.

Tekst 37
Tłumaczenie:
Jak ogień płonący zamienia drewno opałowe w popiół, O Arjuna, tak ogień wiedzy płonie na popiół wszystkie reakcje na działania materialne.

Tekst 38

Tłumaczenie:

Na tym świecie nie ma nic tak wzniosłego i czystego jak transcendentna wiedza. Taka wiedza jest dojrzałym owocem całego mistycyzmu. A ten, kto to osiągnął, w odpowiednim czasie cieszy się sobą w sobie.

Tekst 39

Tłumaczenie:

Wierny człowiek, który jest pochłonięty transcendentną wiedzą i który opanuje swoje zmysły, szybko osiąga najwyższy duchowy spokój.

Tekst 40

Tłumaczenie:

Jednak osoby nieświadome i niewierne, które wątpią w objawione pisma, nie osiągają świadomości Bożej. Dla wątpiącej duszy nie ma szczęścia ani na tym, ani na następnym świecie.

Tekst 41

Tłumaczenie:

Dlatego ten, kto wyrzekł się owoców swego działania, którego wątpliwości są niszczone przez transcendentną wiedzę, i który znajduje się mocno w sobie, nie jest związany dziełami, O zdobywcy bogactw.

Tekst 42

Tłumaczenie:

Dlatego wątpliwości, które pojawiły się w waszym sercu z powodu ignorancji, powinny zostać obcięte przez broń wiedzy. Uzbrojony w jogę, O Bharata, stań i walcz.

Rozdział 5: Karma-joga-Akcja w Świadomości Krsna

Tekst 1
Tłumaczenie:
Arjuna powiedział: O Krsna, najpierw prosisz mnie, abym zrezygnował z pracy, a potem znowu polecasz pracę z oddaniem. Teraz uprzejmie powiesz mi na pewno, który z tych dwóch jest bardziej korzystny?

Tekst 1
Tłumaczenie:
Arjuna powiedział: O Krsna, najpierw prosisz mnie, abym zrezygnował z pracy, a potem znowu polecasz pracę z oddaniem. Teraz uprzejmie powiesz mi na pewno, który z tych dwóch jest bardziej korzystny?

Tekst 2
Tłumaczenie:
Błogosławiony Pan powiedział: Wyrzeczenie się pracy i praca w poświęceniu są dobre dla wyzwolenia. Ale z tych dwóch, praca w służbie dewocyjnej jest lepsza niż rezygnacja z pracy.

Tekst 3
Tłumaczenie:
Ten, kto nie nienawidzi ani nie pragnie owoców swojej działalności, jest znany z tego, że zawsze się ich wyrzeka. Taka osoba, wyzwolona z wszelkich dwoistości, z łatwością pokonuje materialną niewolę i jest całkowicie wyzwolona, O potężna Arjuna.

Tekst 4
Tłumaczenie:
Tylko ignoranci mówią o karma-jodze i służbie dewocyjnej jako różniących się od analitycznego badania świata materialnego [sankhya]. Ci, którzy są faktycznie nauczeni, mówią, że ten, kto dobrze stosuje się do jednej z tych ścieżek, osiąga rezultaty obu.

Tekst 5
Tłumaczenie:
Kto wie, że pozycja osiągnięta przez wyrzeczenie się może być również osiągnięta przez dzieła w służbie dewocyjnej, a zatem kto widzi, że droga dzieł i droga wyrzeczenia się są jednością, widzi rzeczy takimi, jakimi są.

Tekst 6
Tłumaczenie:
Jeśli ktoś nie jest zaangażowany w pobożną służbę Panu, samo wyrzeczenie się działalności nie może uczynić go szczęśliwym. Mędrcy, oczyszczeni przez dzieła pobożności, bez zwłoki osiągają Najwyższego.

Tekst 7
Tłumaczenie:
Ten, kto pracuje w pobożności, kto jest czystą duszą, kto kontroluje swój umysł i zmysły, jest drogi każdemu i każdy jest mu drogi. Choć zawsze działa, taki człowiek nigdy nie jest zaplątany.

Tekst 8&9
Tłumaczenie:
Osoba w boskiej świadomości, choć zaangażowana w widzenie, słuchanie, dotykanie, wąchanie, jedzenie, poruszanie się, spanie i oddychanie, zawsze wie w sobie, że w rzeczywistości nic nie robi. Ponieważ mówiąc, ewakuując się, przyjmując, otwierając lub zamykając oczy, zawsze wie, że tylko zmysły materialne są zaangażowane w ich obiekty i że jest od nich oddalony.

Tekst 10
Tłumaczenie:
Ten, kto wykonuje swój obowiązek bez przywiązania, oddając wyniki Najwyższemu Bogu, nie jest dotknięty przez grzeszne działanie, jak liść lotosu jest nietknięty przez wodę.

Tekst 11
Tłumaczenie:
Jogini, porzucając przywiązanie, działają z ciałem, umysłem, inteligencją, a nawet zmysłami, tylko w celu oczyszczenia.

Tekst 12
Tłumaczenie:
Nieustannie oddana dusza osiąga nieskażony pokój, ponieważ ofiaruje mi wynik wszystkich działań; natomiast osoba, która nie jest w jedności z Bogiem, która jest chciwa na owoce swojej pracy, zaplątuje się.

Tekst 13
Tłumaczenie:
Kiedy wcielona istota żywa kontroluje swoją naturę i psychicznie wyrzeka się wszelkich czynów, szczęśliwie przebywa w mieście dziewięciu bram [ciała materialnego], nie pracując ani nie każąc wykonywać pracy.

Tekst 14
Tłumaczenie:
Wcielony duch, mistrz miasta jego ciała, nie tworzy działań, ani nie skłania ludzi do działania, ani nie tworzy owoców działania. Wszystko to jest wcielane w życie przez tryby natury materialnej.

Tekst 15
Tłumaczenie:
Najwyższy Duch nie zakłada również grzesznych lub pobożnych działań kogokolwiek. Wcielone istoty są jednak zdumione z powodu ignorancji, która obejmuje ich prawdziwą wiedzę.

Tekst 16
Tłumaczenie:
Najwyższy Duch nie zakłada również grzesznych lub pobożnych działań kogokolwiek. Wcielone istoty są jednak zdumione z powodu ignorancji, która obejmuje ich prawdziwą wiedzę.

Tekst 17
Tłumaczenie:
Kiedy czyjaś inteligencja, umysł, wiara i schronienie są utrwalone w Najwyższym, wtedy człowiek staje się w pełni oczyszczony z obaw poprzez pełną wiedzę i w ten sposób podąża prosto na drogę wyzwolenia.

Tekst 18
Tłumaczenie:
Pokorny mędrzec, na mocy prawdziwej wiedzy, widzi z równym widzeniem wyuczoną i delikatną brahmanę, krowę, słonia, psa i zjadacza psów [outcaste].

Tekst 19
Tłumaczenie:
Ci, których umysły są ustalone w jedności i równowadze, już podbili warunki narodzin i śmierci. Są nieskazitelni jak Brahman, a więc już są w Brahmanie.

Tekst 20
Tłumaczenie:
Osoba, która ani nie cieszy się z osiągnięcia czegoś przyjemnego, ani nie lamentuje nad osiągnięciem czegoś nieprzyjemnego, która jest samoświadoma, niezorientowana i zna naukę o Bogu, ma być rozumiana jako już ulokowana w Transcendencji.

Tekst 21
Tłumaczenie:
Taka wyzwolona osoba nie jest przyciągana do materialnie odczuwalnej przyjemności lub zewnętrznych przedmiotów, ale zawsze jest w transie, ciesząc się przyjemnością wewnątrz. W ten sposób urzeczywistniony człowiek cieszy się nieograniczonym szczęściem, ponieważ koncentruje się na Najwyższym.

Tekst 22
Tłumaczenie:
Osoba inteligentna nie bierze udziału w źródłach nieszczęść, które wynikają z kontaktu ze zmysłami materialnymi. O synu Kunti, takie przyjemności mają początek i koniec, a więc mędrzec nie rozkoszuje się nimi.

Tekst 23

Tłumaczenie:

Przed rezygnacją z tego obecnego ciała, jeśli ktoś jest w stanie tolerować popędy zmysłów materialnych i sprawdzić siłę pożądania i gniewu, jest joginem i jest szczęśliwy na tym świecie.

Tekst 24

Tłumaczenie:

Ten, którego szczęście jest wewnątrz, który jest aktywny wewnątrz, który cieszy się wewnątrz i jest oświecony wewnątrz, jest właściwie doskonałym mistykiem. Jest wyzwolony w Najwyższym, a ostatecznie osiąga Najwyższy.

Tekst 25

Tłumaczenie:

Ten, kto jest ponad dwoistością i wątpliwością, którego umysł jest zaangażowany wewnątrz, który jest zawsze zajęty pracą dla dobra wszystkich czujących istot, i który jest wolny od wszystkich grzechów, osiąga wyzwolenie w Najwyższym?

Tekst 26

Tłumaczenie:

Ci, którzy są wolni od gniewu i wszelkich materialnych pragnień, które są samorealizowane, zdyscyplinowane i stale dążące do doskonałości, są zapewniani o wyzwoleniu w Najwyższym w bardzo bliskiej przyszłości.

Teksty 27-28

Tłumaczenie:

Zamykając wszystkie zewnętrzne obiekty zmysłowe, trzymając oczy i wzrok skupione między dwoma brwiami, zawieszając wewnętrzne i zewnętrzne oddechy w nozdrzach, kontrolując w ten sposób umysł, zmysły i inteligencję, transcendentalista staje się wolny od pożądania, strachu i złości. Ten, kto jest zawsze w tym stanie, jest na pewno wyzwolony.

Tekst 29

Tłumaczenie:

Mędrcy, znając mnie jako ostateczny cel wszystkich poświęceń i cięć, najwyższy pan wszystkich planet i półbogów oraz dobrodziej i życzliwy dla wszystkich żyjących istot, osiągają pokój z plag materialnych nieszczęść.

Rozdział 6: Sankhya-joga

Tekst 1
Tłumaczenie:
Błogosławiony Pan powiedział: Ten, kto nie jest przywiązany do owoców swojej pracy i który pracuje tak, jak jest zobowiązany, jest w wyrzeczonym porządku życia i jest prawdziwym mistykiem: nie tym, który nie rozpala ognia i nie wykonuje pracy.
Tekst 2
Tłumaczenie:
To, co nazywa się wyrzeczeniem się, jest tym samym, co joga, czyli połączeniem się z Najwyższym, ponieważ nikt nie może stać się joginem, jeśli nie wyrzeknie się pragnienia zaspokojenia zmysłów.

Tekst 3
Tłumaczenie:
Dla kogoś, kto jest neofitą w ośmiokrotnym systemie jogi, praca jest uważana za środek, a dla kogoś, kto już doszedł do jogi, zaprzestanie wszelkich działań materialnych jest uważane za środek.

Tekst 4
Tłumaczenie:
Mówi się, że osoba osiągnęła jogę, gdy wyrzekając się wszystkich materialnych pragnień, nie działa dla zaspokojenia zmysłów, ani nie angażuje się w owocne działania.

Tekst 5
Tłumaczenie:
Człowiek musi wznieść się na wyższy poziom własnym umysłem, a nie poniżać się. Umysł jest przyjacielem uwarunkowanej duszy, a jego wróg również.

Tekst 6
Tłumaczenie:
Dla tego, kto podbił umysł, umysł jest najlepszym z przyjaciół; ale dla tego, kto tego nie zrobił, jego sam umysł będzie największym wrogiem.

Tekst 7
Tłumaczenie:
Dla tego, kto podbił umysł, Supers Dusza jest już osiągnięta, bo osiągnął spokój. Dla takiego człowieka szczęście i cierpienie, gorąco i zimno, honor i hańba są takie same.

Tekst 8
Tłumaczenie:
Mówi się, że człowiek jest ustanowiony w samorealizacji i jest nazywany joginem [lub mistykiem], gdy jest w pełni zadowolony z cnoty zdobytej wiedzy i realizacji. Taka osoba znajduje się w transcendencji i jest samokontrolowana. On widzi wszystko - czy to kamienie, czy złoto - tak samo.

Tekst 9
Tłumaczenie:
Mówi się, że człowiek jest jeszcze bardziej zaawansowany, jeśli chodzi o wszystkich - uczciwych życzliwych, przyjaciół i wrogów, zazdrosnych, pobożnych, grzeszników i tych, którzy są obojętni i bezstronni - z równym umysłem.

Tekst 10
Tłumaczenie:
Mówi się, że człowiek ma być jeszcze bardziej zaawansowany, gdy uważa wszystkich - szczerego wodza, przyjaciół i wrogów, zazdrosnych, pobożnych, grzeszników i tych, którzy są obojętni i bezsilni - z równym umysłem.

Teksty 11-12
Tłumaczenie:
Transcendentalista powinien zawsze starać się koncentrować swój umysł na Najwyższym Ja; powinien mieszkać samotnie w ustronnym miejscu i powinien zawsze uważnie kontrolować swój umysł. Powinien być wolny od pragnień i uczuć posiadania.
Aby ćwiczyć jogę, należy udać się w ustronne miejsce i położyć na ziemi trawę kusa, a następnie przykryć ją skórą jelenia i miękką szmatką. Siedzisko nie powinno być ani za wysokie ani za niskie i powinno być

umieszczone w miejscu świętym. Jogin powinien wtedy siedzieć na nim bardzo mocno i ćwiczyć jogę kontrolując umysł i zmysły, oczyszczając serce i utrwalając umysł w jednym punkcie.

Teksty 13-14

Tłumaczenie:

Ciało, szyję i głowę należy trzymać wyprostowane w linii prostej i stale patrzeć na czubek nosa. Tak więc z nieugiętym, stonowanym umysłem, pozbawionym strachu, całkowicie wolnym od życia seksualnego, należy medytować nade mną w sercu i uczynić mnie ostatecznym celem życia.

Tekst 15

Tłumaczenie:

W ten sposób praktykując kontrolę nad ciałem, umysłem i działaniami, mistyczny transcendentalista dochodzi do królestwa Bożego [lub siedziby Krsna] poprzez zaprzestanie materialnej egzystencji.

Tekst 16

Tłumaczenie:

Nie ma możliwości, aby zostać joginem, O Arjunie, jeśli je się za dużo lub za mało, śpi za dużo lub nie śpi wystarczająco dużo.

Tekst17

Tłumaczenie:

Ten, kto jest umiarkowany w swoich nawykach jedzenia, spania, pracy i rekreacji może złagodzić wszystkie bóle materialne poprzez praktykowanie systemu jogi.

Tekst18

Tłumaczenie:

Kiedy jogin, poprzez praktykę jogi, dyscyplinuje swoje mentalne działania i znajduje się w Transcendencji - pozbawiony wszelkich materialnych pragnień, o którym mówi się, że osiągnął jogę.

Tekst 19

Tłumaczenie:

Jak lampa w bezwietrznym miejscu nie waha się, tak transcendentalista, którego umysł jest kontrolowany, pozostaje zawsze stabilny w swojej medytacji nad transcendentnym Ja.

Teksty 20-23

Tłumaczenie:

Etap doskonałości nazywany jest trance, czyli samadhi, kiedy to praktyka jogi całkowicie powstrzymuje umysł od materialnych czynności umysłowych. Charakteryzuje się on zdolnością do postrzegania siebie przez czysty umysł oraz do rozkoszowania się i radowania się sobą. W tym radosnym stanie znajdujemy się w bezgranicznym szczęściu transcendentalnym i cieszymy się poprzez transcendentalne zmysły. Ustanowiony w ten sposób, nigdy nie odchodzi od prawdy, a po zdobyciu tego uważa, że nie ma większego zysku. Znajdując się w takiej pozycji, nigdy się nie trzęsie, nawet w największych trudnościach. To rzeczywiście jest rzeczywista wolność od wszelkich nieszczęść wynikających z materialnego kontaktu.

Tekst 24

Tłumaczenie:

Należy angażować się w praktykę jogi z niezachwianą determinacją i wiarą. Należy porzucić, bez wyjątku, wszystkie materialne pragnienia zrodzone z fałszywego ego i w ten sposób kontrolować wszystkie zmysły po wszystkich stronach przez umysł.

Tekst 25

Tłumaczenie:

Stopniowo, krok po kroku, z pełnym przekonaniem, powinno się znaleźć się w transie za pomocą inteligencji, a więc umysł powinien być osadzony na samym sobie i nie powinien myśleć o niczym innym.

Tekst 26

Tłumaczenie:

Z czegokolwiek i gdziekolwiek błądzi umysł z powodu jego migotliwej i niepewnej natury, na pewno trzeba go wycofać i przywrócić pod kontrolę Ja.

Tekst 27

Tłumaczenie:

Jogin, którego umysł jest zamocowany na mnie, naprawdę osiąga najwyższe szczęście. Na mocy swojej tożsamości z Brahmanem, jest on wyzwolony; jego umysł jest spokojny, jego namiętności są uciszone, a on jest uwolniony od grzechu.

Tekst 28

Tłumaczenie:

Stabilny w Jaźni, uwolniony od wszelkich materialnych zanieczyszczeń, jogin osiąga najwyższy, perfekcyjny etap szczęścia w kontakcie z Najwyższą Świadomością.

Tekst 29

Tłumaczenie:

Prawdziwy jogin obserwuje mnie we wszystkich istotach, a także widzi we mnie każdą istotę. Rzeczywiście, samoukształtowany człowiek widzi mnie wszędzie.

Tekst 30

Tłumaczenie:

Dla tego, kto widzi mnie wszędzie i widzi we mnie wszystko, nigdy nie jestem stracony, ani on nigdy nie jest dla mnie stracony.

Tekst 31

Tłumaczenie:

Jogin, który wie, że ja i Supers Dusza w każdym stworzeniu jesteśmy jednym czczącym Mnie i pozostaje we Mnie zawsze w każdych okolicznościach.

Tekst 32
Tłumaczenie:
Jest on doskonałym joginem, który w porównaniu z własnym ja widzi prawdziwą równość wszystkich istot, zarówno w ich szczęściu, jak i cierpieniu, O Arjuna!

Tekst 33
Tłumaczenie:
Arjuna powiedział: O Madhusudanie, system jogi, który podsumowałeś wydaje mi się niepraktyczny i nie do wytrzymania, bo umysł jest niespokojny i niepewny.

Tekst 34
Tłumaczenie:
Bo umysł jest niespokojny, burzliwy, uparty i bardzo silny, O Krsna, a opanowanie go jest, wydaje mi się, trudniejsze niż kontrolowanie wiatru.

Tekst 35
Tłumaczenie:
Błogosławiony Pan powiedział: O potężny synu Kuntiego, niewątpliwie bardzo trudno jest powstrzymać niespokojny umysł, ale jest to możliwe dzięki ciągłej praktyce i oderwaniu się.

Tekst 36
Tłumaczenie:
Dla osoby, której umysł jest nieokiełznany, samorealizacja jest trudną pracą. Ale ten, którego umysł jest kontrolowany i który dąży za pomocą właściwych środków, jest pewny sukcesu. Takie jest moje zdanie.

Tekst 37
Tłumaczenie:
Arjuna powiedział: Jaki jest cel człowieka wiary, który nie wytrwa, który na początku przystępuje do procesu samorealizacji, ale później porzuca go z powodu światowości, a więc nie osiąga doskonałości w mistyce?

Tekst 38

Tłumaczenie:

O potężna Krsna, czyż taki człowiek, zboczony ze ścieżki Transcendencji, nie ginie jak rozedrgana chmura, bez pozycji w żadnej kuli?

Tekst 39

Tłumaczenie:

To jest moja wątpliwość O Krsna, i proszę cię, żebyś ją całkowicie rozwalił. Ale dla siebie, nie ma nikogo, kto mógłby zniszczyć tę wątpliwość.

Tekst 40

Tłumaczenie:

To jest moja wątpliwość O Krsna, i proszę Cię, żebyś ją całkowicie rozwalił. Ale dla siebie, nie ma nikogo, kto mógłby zniszczyć tę wątpliwość.

Tekst 41

Tłumaczenie:

Nieudany jogin, po wielu, wielu latach radości na planetach pobożnych istot żywych, rodzi się w rodzinie prawych ludzi lub w rodzinie bogatej arystokracji.

Tekst 42

Tłumaczenie:

Albo urodził się w rodzinie transcendentalistów, którzy z pewnością są wielcy w mądrości. Zaprawdę, taki poród jest rzadkością na tym świecie.

Tekst 43

Tłumaczenie:

Przyjmując takie narodziny, ponownie ożywia boską świadomość swojego poprzedniego życia i stara się czynić dalsze postępy, aby osiągnąć pełny sukces, O synu Kuru.

Tekst 44

Tłumaczenie:

Na mocy boskiej świadomości swojego poprzedniego życia, automatycznie staje się przyciągany do zasad jogicznych nawet bez ich poszukiwania. Taki dociekliwy transcendentalista, dążący do jogi, stoi zawsze ponad rytualnymi zasadami pism świętych.

Tekst 45

Tłumaczenie:

Ale kiedy jogin angażuje się w szczere dążenie do dalszego postępu, będąc obmytym ze wszystkich zanieczyszczeń, ostatecznie, po wielu narodzinach praktyki, osiąga najwyższy cel.

Tekst 46

Tłumaczenie:

Jogin jest większy niż asceta, większy niż empiryk i większy niż owocowy robotnik. Dlatego też, O Arjuna, w każdych okolicznościach, jest joginem.

Tekst 47

Tłumaczenie:

A ze wszystkich joginów, ten który zawsze trwa we mnie z wielką wiarą, oddając mi cześć w transcendentalnej służbie z miłością, jest ze mną najściślej związany w jodze i jest najwyższy ze wszystkich.

Rozdział 7: Wiedza o Absolucie

Tekst 1
Tłumaczenie:
Teraz posłuchaj, O synu Prthy [Ardżuna], jak poprzez praktykowanie jogi w pełnej świadomości Mnie, z umysłem przywiązanym do Mnie, możesz poznać Mnie w pełni, bez wątpliwości.

Tekst 2
Tłumaczenie:
Ogłaszam wam teraz w pełni tę wiedzę, zarówno fenomenalną jak i noumenal, wiedząc, że nie pozostanie nic więcej do poznania.

Tekst 3
Tłumaczenie:
Z wielu tysięcy ludzi można starać się o doskonałość, a z tych, którzy osiągnęli doskonałość, prawie nikt nie zna mnie w prawdzie.

Tekst 4
Tłumaczenie:
Ziemia, woda, ogień, powietrze, eter, umysł, inteligencja i fałszywe ego razem te osiem składają się na Moje oddzielne energie materialne.

Tekst 5
Tłumaczenie:
Poza tą podrzędną naturą, O potężna Arjuna, istnieje również moja nadrzędna energia, którą są wszystkie żywe istoty, które zmagają się z materialną naturą i podtrzymują wszechświat.

Tekst 6
Tłumaczenie:
Ze wszystkiego, co materialne i duchowe na tym świecie, wiedz na pewno, że jestem zarówno jego źródłem, jak i rozwiązaniem.

Tekst 7
Tłumaczenie:
O zdobywco bogactwa [Arjuna], nie ma prawdy wyższej ode mnie. Wszystko spoczywa na mnie, jak perły są nawleczone na nitkę.

Tekst 8
Tłumaczenie:
O synu Kunti [Arjuna], jestem smakiem wody, światłem słońca i księżyca, sylabą om w mantrach wedyjskich; jestem dźwiękiem w eterze i zdolnością w człowieku.

Tekst 9
Tłumaczenie:
Jestem oryginalnym zapachem ziemi, i jestem żarem w ogniu. Jestem życiem wszystkich, którzy żyją, i jestem pokutą wszystkich ascetów.

Tekst 10
Tłumaczenie:
Synu Prthy, wiedz, że jestem oryginalnym zalążkiem wszystkich istnień, inteligencją inteligentnych i walecznością wszystkich potężnych ludzi.

Tekst 11
Tłumaczenie:
Jestem siłą silnych, pozbawionych pasji i pożądania. Jestem życiem seksualnym, które nie jest sprzeczne z zasadami religijnymi, o Panie Bharatas [Arjuna].

Tekst 12
Tłumaczenie:
Wszystkie stany bycia są dobrocią, pasją lub ignorancją przejawiają się w mojej energii. Jestem, w pewnym sensie, wszystkim, ale jestem niezależny. Nie jestem w trybach tej materialnej natury.

Tekst 13
Tłumaczenie:
Zwodzony przez trzy tryby [dobroć, namiętność i ignorancja], cały świat nie zna Mnie, który jest ponad trybami i niewyczerpany.

Tekst 14

Tłumaczenie:

Ta boska energia, składająca się z trzech trybów natury materialnej, jest trudna do pokonania. Ale ci, którzy mi się poddali, mogą łatwo przejść poza nią.

Tekst 15

Tłumaczenie:

Nie poddają mi się ci nieudacznicy, którzy są rażąco głupi, najniżsi wśród ludzi, których wiedza jest kradziona przez iluzję, i którzy biorą udział w ateistycznej naturze demonów.

Tekst 16

Tłumaczenie:

O najlepszy pośród Bharatów [Arjuna], cztery rodzaje pobożnych ludzi oddają się pobożnej służbie dla mnie cierpiącym, pragnącym bogactwa, ciekawskim i tym, którzy szukają wiedzy o Absolucie.

Tekst 17

Tłumaczenie:

Spośród nich najlepszy jest ten mądry, który posiada pełną wiedzę w zjednoczeniu ze mną poprzez czystą służbę pobożną. Bo ja jestem mu bardzo droga, a on jest mi drogi.

Tekst 18

Tłumaczenie:

Spośród nich najlepszy jest ten mądry, który posiada pełną wiedzę w zjednoczeniu ze mną poprzez czystą służbę pobożną. Bo ja jestem mu bardzo droga, a on jest mi drogi.

Tekst 19

Tłumaczenie:

Po wielu narodzinach i śmierci, ten kto faktycznie jest w wiedzy, poddaje się mnie, wiedząc, że jestem przyczyną wszystkich przyczyn i wszystkiego, co jest. Taka wielka dusza jest bardzo rzadka.

Tekst 20

Tłumaczenie:

Ci, których umysły są zniekształcone przez materialne pragnienia, poddają się półbogom i przestrzegają szczególnych zasad i przepisów kultu zgodnie z ich własną naturą.

Tekst 21

Tłumaczenie:

Jestem w sercu każdego jako Supersoul. Gdy tylko ktoś pragnie oddać cześć półbogom, ugruntowuję jego wiarę, aby mógł poświęcić się jakiemuś szczególnemu bóstwu.

Tekst 22

Tłumaczenie:

Obdarzony taką wiarą, szuka łask u konkretnego półboga i zdobywa jego pragnienia. Ale w rzeczywistości te korzyści pochodzą wyłącznie ode mnie.

Tekst 23

Tłumaczenie:

Ludzie o małej inteligencji czczą półbogów, a ich owoce są ograniczone i tymczasowe. Ci, którzy czczą półbogów, udają się na planety półbogów, ale moi wielbiciele w końcu docierają na moją najwyższą planetę.

Tekst 24

Tłumaczenie:

Nieinteligentni mężczyźni, którzy mnie nie znają, myślą, że przybrałam taką formę i osobowość. Ze względu na ich małą wiedzę, nie znają mojej wyższej natury, która jest niezmienna i nadrzędna.

Tekst 25

Tłumaczenie:

Nigdy nie okazuję się głupi i nieinteligentny. Dla nich jestem przykryty moją wieczną potęgą twórczą [joga-maja]; i tak zwodzony świat mnie nie zna, który jest nienarodzony i nieomylny.

Tekst 26

Tłumaczenie:

O Arjunie, jako Najwyższa Osobowość Boskiej Głowy, wiem wszystko, co wydarzyło się w przeszłości, wszystko, co dzieje się w teraźniejszości, i wszystko, co jeszcze przed nami. Ja też znam wszystkie żywe istoty, ale nikt nie wie.

Tekst 27

Tłumaczenie:

O zrazu Bharata [Arjuna], Pogromcy wrogów, wszystkie żywe istoty rodzą się w złudzeniu, pokonane przez dualizm pożądania i nienawiści.

Tekst 28

Tłumaczenie:

Osoby, które zachowywały się pobożnie w poprzednim życiu i w tym życiu, których grzeszne działania zostały całkowicie wyeliminowane i które są uwolnione od dwoistości złudzenia, angażują się w moją służbę z determinacją.

Tekst 29

Tłumaczenie:

Inteligentne osoby, które starają się wyzwolić od starości i śmierci, chowają się we mnie w pobożnej służbie. W rzeczywistości są oni Brahmanem, ponieważ w pełni wiedzą wszystko o transcendentalnych i owocowych działaniach.

Tekst 30

Tłumaczenie:

Ci, którzy znają Mnie jako najwyższego Pana, jako rządzącą zasadę materialnego objawienia się, którzy znają Mnie jako tego, który leży u podstaw wszystkich półbogów i jako tego, który podtrzymuje wszystkie ofiary, mogą z niezłomnym umysłem zrozumieć i poznać Mnie nawet w chwili śmierci.

Rozdział 8: Osiągnięcie Najwyższego

Tekst 1
Tłumaczenie:
Arjuna zapytał: o mój panie, o nadrzędną osobę, czym jest Brahman? Co to za "ja"? Czym są owocne działania? Co to za materialna manifestacja? A co to za demigoci? Proszę mi to wyjaśnić.

Tekst 2
Tłumaczenie:
Jak ten Pan ofiary żyje w ciele, i w której części żyje, o Madhusudana? A jak ci, którzy zajmują się służbą pobożności, mogą cię znać w chwili śmierci?

Tekst 3
Tłumaczenie:
Najwyższy Pan powiedział, że niezniszczalna, transcendentna żyjąca istota nazywana jest Braminem, a jego wieczna natura nazywana jest ja. Działanie związane z rozwojem tych materialnych ciał nazywane jest karmą, czyli działaniem owocowym.

Tekst 4
Tłumaczenie:
Wiadomo, że natura fizyczna jest nieskończenie zmienna. Wszechświat jest kosmiczną formą Najwyższego Pana, a ja jestem tym Panem reprezentowanym jako Supers Dusza, mieszkającym w sercu każdej wcielonej istoty.

Tekst 5
Tłumaczenie:
A kto w chwili śmierci porzuca swoje ciało, pamiętając tylko o mnie, natychmiast osiąga moją naturę. Nie ma co do tego wątpliwości.

Tekst 6
Tłumaczenie:
Jakikolwiek stan bycia pamięta się, kiedy opuszcza się swoje ciało, ten stan osiągnie bez przerwy.

Tekst 7

Tłumaczenie:

Dlatego, Arjuna, powinieneś zawsze myśleć o mnie w postaci Krsny i jednocześnie wypełniać swój przepisany obowiązek walki. Z twoimi działaniami poświęconymi Mnie, z twoim umysłem i inteligencją skupioną na mnie, osiągniesz mnie bez wątpienia.

Tekst 8

Tłumaczenie:

Ten, kto medytuje nad Najwyższą Osobowością Boskiej Głowy, jego umysł nieustannie angażuje się w pamiętanie o mnie, nie zboczony z drogi, on, O Parcie [Arjuna], na pewno do mnie dotrze.

Tekst 9

Tłumaczenie:

Należy medytować nad Osobą Najwyższą jako nad tym, który wie wszystko, jako nad Tym, który jest najstarszy, który jest administratorem, który jest mniejszy od najmniejszego, który jest opiekunem wszystkiego, który jest poza wszelkim materialnym poczęciem, który jest niepojęty i który zawsze jest osobą. Jest świetlisty jak słońce i, będąc transcendentalny, jest poza tą materialną naturą.

Tekst 10

Tłumaczenie:

Ten, kto w chwili śmierci utrwala swoje życiowe powietrze między brwiami i w pełnej pobożności angażuje się w pamiętanie o Najwyższym Panu, z pewnością dojdzie do Najwyższej Osobowości Boskiej.

Tekst 11

Tłumaczenie:

Osoby uczone w Wedach, które wypowiadają omkarę i które są wielkimi mędrcami w wyrzeczonym porządku, wchodzą do Brahmana. Pragnąc takiej doskonałości, praktykuje się celibat. Teraz wyjaśnię wam ten proces, dzięki któremu mozna osiągnąć zbawienie.

Tekst 12

Tłumaczenie:

Sytuacja jogiczna polega na oderwaniu się od wszelkich zmysłowych zaangażowań. Zamykając wszystkie drzwi zmysłów i utrwalając umysł na sercu i powietrze życiowe na czubku głowy, ustanawia się w jodze.

Tekst 13

Tłumaczenie:

Po umiejscowieniu się w tej praktyce jogi i wibrując świętą sylabą om, najwyższą kombinacją liter, jeśli pomyśli się o Najwyższej Osobowości Boskiej i porzuci swoje ciało, z pewnością dotrze on do duchowych planet.

Tekst 14

Tłumaczenie:

Dla kogoś, kto pamięta mnie bez zboczenia, jestem łatwy do uzyskania, O synu Prtha, z powodu jego stałego zaangażowania w służbie dewocyjnej.

Tekst 15

Tłumaczenie:

Po osiągnięciu Mnie, wielkie dusze, które są joginami w pobożności, nigdy nie wracają do tego tymczasowego świata, który jest pełen niedoli, ponieważ osiągnęły najwyższą doskonałość.

Tekst 16

Tłumaczenie:

Od najwyższej planety w świecie materialnym do najniższej, wszystkie są miejscami nieszczęścia, w których powtarzają się narodziny i śmierć. Ale ten, który dociera do Mojego mieszkania, syn Kuntiego, nigdy więcej się nie narodzi.

Tekst 17

Tłumaczenie:

Według ludzkich obliczeń, tysiąc lat razem wziętych to czas trwania jednego dnia Brahmy. I taki jest też czas trwania jego nocy.

Tekst 18
Tłumaczenie:
Kiedy dzień Brahmy się objawia, powstaje ta wielość żywych bytów, a wraz z nadejściem nocy Brahmy wszystkie one są unicestwiane.

Tekst 19
Tłumaczenie:
Znowu i znowu przychodzi dzień, i ten zastęp istot jest aktywny; i znowu zapada noc, O Partha, i są bezradnie rozwiązane.

Tekst 20
Tłumaczenie:
Istnieje jednak inna natura, która jest wieczna i transcendentna do tej zamanifestowanej i niezbadanej materii. Jest najwyższy i nigdy nie jest unicestwiony. Kiedy wszystko na tym świecie jest unicestwione, ta część pozostaje taka, jaka jest.

Tekst 21
Tłumaczenie:
To nadrzędne miejsce zamieszkania nazywane jest niezauważalnym i nieomylnym, i jest ono najwyższym miejscem przeznaczenia. Kiedy ktoś tam idzie, nigdy nie wraca. To jest moje najwyższe miejsce zamieszkania.

Tekst 22
Tłumaczenie:
Najwyższa Osobowość Boskiej Głowy, która jest większa od wszystkich, jest osiągalna przez nieokiełznane oddanie. Chociaż jest on obecny w swoim mieszkaniu, jest wszechobecny i wszystko znajduje się w nim.

Tekst 23
Tłumaczenie:
O najlepsze z Bharatów, wyjaśnię wam teraz różne czasy, w których, odchodząc od tego świata, wraca się lub nie wraca.

Tekst 24

Tłumaczenie:

Ci, którzy znają Najwyższego Brahmana odchodzą od świata pod wpływem płomiennego boga, w świetle, w pomyślnym momencie, podczas dwóch tygodni księżyca i sześciu miesięcy, kiedy słońce podróżuje na północy.

Tekst 25

Tłumaczenie:

Mistyk, który odchodzi z tego świata podczas dymu, nocy, światła księżyca przez dwa tygodnie, lub w ciągu sześciu miesięcy, kiedy słońce przechodzi na południe, lub który dociera do planety księżycowej, ponownie wraca.

Tekst 26

Tłumaczenie:

Według Wedy istnieją dwa sposoby przejścia z tego świata - jeden w świetle i jeden w ciemności. Kiedy ktoś przechodzi w świetle, nie wraca; ale kiedy przechodzi się w ciemności, wraca.

Tekst 27

Tłumaczenie:

Wielbiciele, którzy znają te dwie ścieżki, O Arjuna, nigdy nie są zdumieni. Dlatego należy zawsze być oddanym.

Tekst 28

Tłumaczenie:

Osoba, która przyjmuje ścieżkę służby pobożnej, nie traci wyników badań nad Wedami, dokonywania surowych wyrzeczeń, udzielania pomocy charytatywnej czy prowadzenia działalności filozoficznej i owocowej. Na końcu dociera do najwyższego miejsca zamieszkania.

Rozdział 9: Najbardziej poufna wiedza

Tekst 1
Tłumaczenie:
Najwyższy Pan powiedział: Moja droga Arjuno, ponieważ nigdy mi nie zazdrościsz, przekażę ci tę najskrytszą mądrość, wiedząc, że zostaniesz uwolniony od nieszczęść materialnego istnienia.

Tekst 2
Tłumaczenie:
Ta wiedza jest królem edukacji, najskrytszą ze wszystkich tajemnic. Jest to najczystsza wiedza, a ponieważ daje bezpośrednie postrzeganie siebie poprzez realizację, jest to doskonałość religii. To jest wieczne i radośnie wykonywane.

Tekst 3
Tłumaczenie:
Ci, którzy nie są wierni na drodze pobożnej służby, nie mogą osiągnąć Mnie, O zdobywcy wrogów, ale wrócić do narodzin i śmierci w tym materialnym świecie.

Tekst 4
Tłumaczenie:
Przeze mnie, w mojej nieujawnionej formie, cały ten wszechświat jest przeniknięty. Wszystkie istoty są we mnie, ale ja nie jestem w nich.

Tekst 5
Tłumaczenie:
A jednak wszystko, co jest stworzone, nie spoczywa we mnie. Oto moje mistyczne bogactwo! Choć jestem opiekunem wszystkich żyjących bytów i choć jestem wszędzie, to jednak samo Moje Ja jest źródłem stworzenia.

Tekst 6
Tłumaczenie:
Jak potężny wiatr, wiejący wszędzie, zawsze odpoczywa w eterycznej przestrzeni wiedz, że w ten sam sposób wszystkie istoty spoczywają we mnie.

Tekst 7
Tłumaczenie:
O synu Kunti, pod koniec tysiąclecia każdy materialny przejaw wchodzi w moją naturę, a na początku kolejnego tysiąclecia, przez moją potencję ponownie tworzę.

Tekst 8
Tłumaczenie:
Cały kosmiczny porządek jest pode mną. Z mojej woli objawia się ona ciągle na nowo, a z mojej woli jest unicestwiana na końcu.

Tekst 9
Tłumaczenie:
O Dhananjaya, cała ta praca nie może mnie związać. Jestem kiedykolwiek oderwany, siedzący jakby neutralnie.

Tekst 10
Tłumaczenie:
Ta materialna natura działa pod moim kierownictwem, o synu kunti, i produkuje wszystkie poruszające się i nieruchome istoty. Przez swoją zasadę manifestacja ta jest tworzona i unicestwiana raz za razem.

Tekst 11
Tłumaczenie:
Głupcy drwią ze mnie, gdy schodzę w ludzkiej postaci. Nie znają mojej transcendentnej natury i mojego najwyższego zwierzchnictwa nad tym wszystkim.

Tekst 12
Tłumaczenie:
Ci, którzy są w ten sposób oszołomieni, są przyciągani przez demoniczne i ateistyczne poglądy. W tym złudnym stanie, ich nadzieje na wyzwolenie, ich owocne działania i kultura wiedzy zostały pokonane.

Tekst 13
Tłumaczenie:
O synu Prthy, ci, którzy nie łudzą się, wielkie dusze, są pod ochroną boskiej natury. Są w pełni zaangażowani w pobożną służbę, ponieważ znają mnie jako Najwyższą Osobowość Boskiej Głowy, oryginalną i niewyczerpaną.

Tekst 14
Tłumaczenie:
Zawsze śpiewający Moje chwały, starający się z wielką determinacją, kłaniający się przede Mną, te wielkie dusze wiecznie oddają mi cześć z oddaniem.

Tekst 15
Tłumaczenie:
Inni, którzy są zaangażowani w kultywowanie wiedzy, czczą Najwyższego Pana jako tego, który nie ma drugiego, różnorodnego w wielu, i w uniwersalnej formie

Tekst 16
Tłumaczenie:
Ale to ja jestem tym rytuałem, to ja jestem ofiarą, ofiarą dla przodków, uzdrawiającym ziołem, transcendentalnym śpiewem. Ja jestem masłem, ogniem i ofiarą.

Tekst 17
Tłumaczenie:
Jestem ojcem tego wszechświata, matką, wsparciem i wnukiem. Jestem obiektem wiedzy, oczyszczaczem i sylabą om. Ja też jestem Rk, Sama i Yajur [Vedas].

Tekst 18
Tłumaczenie:
Jestem celem, podtrzymywaczem, panem, świadkiem, mieszkaniem, schronieniem i najdroższym przyjacielem. Ja jestem stworzeniem i zagładą, podstawą wszystkiego, miejscem spoczynku i wiecznym nasieniem.

Tekst 19

Tłumaczenie:

O Arjuna, kontroluję upał, deszcz i suszę. Jestem nieśmiertelny, jestem też uosobieniem śmierci. Zarówno bycie jak i nie bycie jest we mnie.

Tekst 20

Tłumaczenie:

Ci, którzy studiują Wedy i piją sok z somy, szukając niebiańskich planet, czczą mnie pośrednio. Oni brać narodziny na the planeta Indra, dokąd cieszyć się boski rozkosz.

Tekst 21

Tłumaczenie:

Kiedy w ten sposób cieszą się niebiańską przyjemnością, wracają na tę śmiertelną planetę ponownie. W ten sposób, poprzez wedyjskie zasady, osiągają one jedynie migoczące szczęście.

Tekst 22

Tłumaczenie:

Ale ci, którzy Mnie czczą z oddaniem, medytując nad Moją transcendentalną formą, noszą w sobie to, czego im brakuje i zachowują to, co mają.

Tekst 23

Tłumaczenie:

Cokolwiek człowiek może poświęcić innym bogom, O synu Kuntiego, jest naprawdę przeznaczone tylko dla mnie, ale jest oferowane bez prawdziwego zrozumienia.

Tekst 24

Tłumaczenie:

Cokolwiek człowiek może poświęcić innym bogom, O synu Kuntiego, jest naprawdę przeznaczone tylko dla mnie, ale jest oferowane bez prawdziwego zrozumienia.

Tekst 25
Tłumaczenie:
Jestem jedyną osobą lubiącą i jedynym obiektem poświęcenia. Ci, którzy nie rozpoznają mojej prawdziwej transcendentalnej natury, upadają.

Tekst 26
Tłumaczenie:
Jeśli ktoś ofiarowuje mi z miłością i oddaniem liść, kwiat, owoc, wodę, to ja go przyjmę.

Tekst 27
Tłumaczenie:
O synu Kunti, wszystko, co robisz, wszystko, co jesz, wszystko, co oferujesz i rozdajesz, a także wszystkie oszczędności, które możesz wykonać, powinno być zrobione jako ofiara dla mnie.

Tekst 28
Tłumaczenie:
O synu Kunti, wszystko, co robisz, wszystko, co jesz, wszystko, co oferujesz i rozdajesz, a także wszystkie oszczędności, które możesz wykonać, powinno być zrobione jako ofiara dla mnie.

Tekst 29
Tłumaczenie:
Nikomu nie zazdroszczę, nikomu też nie jestem stronniczy. Jestem równa wszystkim. Ale ten, kto mi służy w pobożności, jest przyjacielem, jest we mnie, a ja jestem dla niego przyjacielem.

Tekst 30
Tłumaczenie:
Nawet jeśli ktoś popełnia najbardziej obrzydliwe czyny, jeśli jest zaangażowany w służbę pobożną, należy go uznać za świętego, ponieważ jest odpowiednio usytuowany.

Tekst 31
Tłumaczenie:
Szybko staje się sprawiedliwy i osiąga trwały pokój. O synu Kunti, oświadcz śmiało, że mój wielbiciel nigdy nie zginie.

Tekst 32
Tłumaczenie:
O synu Prthy, ci, którzy schronili się we Mnie, choć są z niższych urodzeń - kobiety, vaisyas [kupcy], a także sudry [robotnicy] - mogą zbliżyć się do najwyższego celu.

Tekst 33
Tłumaczenie:
O ileż większe są bramingi, sprawiedliwi, wielbiciele i święci królowie, którzy w tym chwilowo nędznym świecie angażują się w pełną miłości służbę dla mnie.

Tekst 34
Tłumaczenie:
Zaangażuj swój umysł zawsze w myślenie o mnie, oferuj obeisances i czcić mnie. Będąc całkowicie pochłoniętym we mnie, na pewno do mnie przyjdziesz.

Rozdział 10: Opętanie Absolutu

Tekst 1
Tłumaczenie:
Najwyższy Pan powiedział: Mój drogi przyjacielu, potężny Arjunie, posłuchaj ponownie Mojego najwyższego słowa, które dam ci dla twojego dobra i które da ci wielką radość.

Tekst 2
Tłumaczenie:
Ani zastępy półbogów, ani wielcy mędrcy nie znają mojego pochodzenia, gdyż pod każdym względem jestem źródłem półbogów i mędrców.

Tekst3
Tłumaczenie:
Ten, kto mnie zna jako nienarodzonego, jako nienarodzonego, jako najwyższego pana wszystkich światów - ten, który nie został oszukany wśród ludzi, jest uwolniony od wszystkich grzechów.

Teksty 4-5
Tłumaczenie:
Inteligencja, wiedza, wolność od zwątpienia i złudzenia, przebaczenie, prawdomówność, samokontrola i spokój, przyjemność i ból, narodziny, śmierć, strach, nieustraszoność, niestosowanie przemocy, równość, satysfakcja, surowość, miłość, sława i niesławność są stworzone przeze mnie samego.

Tekst 6
Tłumaczenie:
Siedmiu wielkich mędrców, a przed nimi czterech innych wielkich mędrców i Manus, zrodziło się z mojego umysłu i wszystkie stworzenia na tych planetach z nich pochodzą.

Tekst 7
Tłumaczenie:
Ten, kto zna w prawdzie tę chwałę i potęgę kopalni, angażuje się w niestowarzyszoną służbę pobożną; nie ma co do tego wątpliwości.

Tekst 8
Tłumaczenie:
Jestem źródłem wszystkich duchowych i materialnych światów. Wszystko emanuje ze mnie. Mądrzy, którzy to wiedzą, doskonale angażują się w moją pobożną służbę i z całego serca oddają mi cześć.

Tekst 9
Tłumaczenie:
Myśli moich czystych wielbicieli mieszkają we mnie, ich życie jest mi oddane i czerpią wielką satysfakcję i błogość oświecając się wzajemnie i rozmawiając o mnie.

Tekst 10
Tłumaczenie:
Tym, którzy są stale oddani i czczą mnie z miłością, daję zrozumienie, dzięki któremu mogą do mnie przyjść.

Tekst 11
Tłumaczenie:
Z współczucia dla nich, ja, mieszkając w ich sercach, niszczę świecącą lampą wiedzy ciemności zrodzone z niewiedzy.

Teksty 12-13
Tłumaczenie:
Arjuna powiedział: Jesteś Najwyższym Braminem, najwyższym, najwyższym domem i oczyszczalnikiem, Absolutną Prawdą i wieczną Boską osobą. Jesteś pierwotnym Bogiem, transcendentalnym i oryginalnym, i jesteś nienarodzonym i wszechprzenikającym pięknem. Wszyscy wielcy mędrcy, tacy jak Narada, Asita, Devala i Vyasa ogłaszają to o Tobie, a teraz Ty sam mi to ogłaszaszaszasz.

Tekst 14
Tłumaczenie:
O Krsna, całkowicie akceptuję jako prawdę wszystko, co mi powiedziałaś. Ani bogowie, ani demony, o Panie, nie znają Twojej osobowości.

Tekst 15
Tłumaczenie:
Rzeczywiście, tylko Ty znasz siebie przez własne siły, O pochodzenie wszystkich, Pan wszystkich istot, Bóg bogów, O Najwyższa Osoba, Pan wszechświata!

Tekst 16
Tłumaczenie:
Proszę opowiedzieć mi szczegółowo o swoich boskich mocy, przez które przenikają wszystkie te światy i trwać w nich.

Tekst 17
Tłumaczenie:
Jak mam na ciebie medytować? W jakich różnych formach masz być kontemplowany, o Błogosławiony Panie?

Tekst 18
Tłumaczenie:
Opowiedz mi jeszcze raz szczegółowo, O Janardanie [Krsna], o twoich potężnych mocach i chwale, bo nigdy nie znudziły mi się twoje ambrozjalne słowa.

Tekst 19
Tłumaczenie:
Błogosławiony Pan powiedział: Tak, powiem ci o moich przejawach splendorowania, ale tylko o tych, które są wybitne, O Arjunie, bo moje bogactwo jest nieograniczone.

Tekst 20
Tłumaczenie:
Jestem Ja, O Gudakesa, siedzący w sercach wszystkich istot. Jestem początkiem, środkiem i końcem wszystkich istot.

Tekst 21
Tłumaczenie:
The Adityas I być Visnu, światła I być the promienny słońce, I być Marici the Maruts, i wśród the gwiazda I być the księżyc.

Tekst 22
Tłumaczenie:
Wedy jestem Sama-veda; półbogów jestem Indra; zmysłów jestem umysłem, a w żywych istotach jestem żywą siłą [wiedza].

Tekst 23
Tłumaczenie:
Ze wszystkich Rudras jestem Panem Sivą; z Jaków i Rakasów jestem Panem bogactwa [Kuvera]; z Wazusa jestem ogniem [Agni], a z gór jestem Meru.

Tekst 24
Tłumaczenie:
Z księży, O Arjunie, znasz mnie jako wodza, Brhaspatiego, pana oddania. Z generałów jestem Skanda, pan wojny, a z akwenów wodnych jestem oceanem.

Tekst 25
Tłumaczenie:
Z wielkich mędrców jestem Bhrgu; z wibracji jestem transcendentalnym om. Z poświęceń jestem śpiewem świętych imion [japa], a z rzeczy nieruchomych jestem Himalajami.

Tekst 26
Tłumaczenie:
Ze wszystkich drzew jestem świętym drzewem figowym, a wśród mędrców i półbogów jestem Narada. Spośród śpiewaków bogów [Gandharvas] jestem Citraratha, a wśród doskonałych istot jestem mędrcem Kapila.

Tekst 27
Tłumaczenie:
Z koni wiem, że jestem Uccaihsrava, który powstał z oceanu, zrodzony z eliksiru nieśmiertelności; z dostojnych słoni jestem Airavata, a wśród ludzi jestem monarchą.

Tekst 28
Tłumaczenie:
Z broni jestem piorunochronem; wśród krów jestem surabhi, dawcą obfitego mleka. Z prokreatorów jestem Kandarpa, bóg miłości, a z wężów jestem Wasuki, szef.

Tekst 29
Tłumaczenie:
Z niebiańskich węży Naga jestem Ananta; z bóstw wodnych jestem Varuna. Od zmarłych przodków jestem Aryama, a wśród dozowników prawa jestem Yama, pan śmierci.

Tekst 30
Tłumaczenie:
Wśród demonów Daitya jestem oddanym Prahlada; wśród podwładnych jestem czasem; wśród bestii jestem lwem, a wśród ptaków jestem Garuda, pierzasty nosiciel Visnu.

Tekst 31
Tłumaczenie:
Z oczyszczaczy jestem wiatrem; z władców broni jestem Rama; z ryb jestem rekinem, a z płynących rzek jestem Gangesem.

Tekst 32
Tłumaczenie:
Ze wszystkich kreacji jestem początkiem i końcem, a także środkiem, O Arjuna. Ze wszystkich nauk jestem duchową nauką Jaźni, a wśród logików jestem rozstrzygającą prawdą.

Tekst 33
Tłumaczenie:
Z liter jestem literą A, a wśród związków jestem podwójnym słowem. Jestem też niewyczerpanym czasem, a z twórców jestem Brahmą, której wielorakie twarze obracają się wszędzie.

Tekst 34
Tłumaczenie:
Pożeram całą śmierć, i jestem generatorem wszystkiego, co jeszcze nie zostało. Wśród kobiet jestem sławą, fortuną, mową, pamięcią, inteligencją, wiernością i cierpliwością.

Tekst 35
Tłumaczenie:
Hymn I być the Brhat-sama śpiewać the Władyka Indra, i poezja I być the Gayatri werset, śpiewać codziennie brahmanas. Z miesięcy jestem listopad i grudzień, a z pór roku kwitnę wiosną.

Tekst 36
Tłumaczenie:
Jestem też hazardzistą oszukiwaczy, i wspaniałym, jestem wspaniałym. Jestem zwycięstwem, jestem przygodą, i jestem siłą silnych.

Tekst 37
Tłumaczenie:
Z potomków Vrsni jestem Vasudeva, a z Pandavas jestem Arjuna. Spośród mędrców jestem Wiasa, a wśród wielkich myślicieli jestem Usana.

Tekst 38
Tłumaczenie:
Wśród kar jestem rózgą karcenia, a wśród tych, którzy szukają zwycięstwa, jestem moralność. Z rzeczy tajemniczych milczę, a z mądrych jestem mądry.

Tekst 39
Tłumaczenie:
Ponadto, O Arjuna, jestem generatorem ziarna wszystkich istnień. Nie ma istoty nieporuszającej się i nieporuszającej się, która mogłaby istnieć beze mnie.

Tekst 40
Tłumaczenie:
O potężny zdobywco wrogów, nie ma końca dla moich boskich przejawów. To, co ci mówiłem, jest tylko wskazówką na moje nieskończone bogactwo.
Tekst 41
Tłumaczenie:
Wiedz, że wszystkie piękne, chwalebne i potężne kreacje pochodzą tylko z iskry mojego blasku.

Tekst 42
Tłumaczenie:
Ale jaka jest potrzeba, Arjuna, do tej całej szczegółowej wiedzy? Z jednym fragmentem siebie przeniosłem się i wspieram cały ten wszechświat.

Rozdział 11: Forma uniwersalna

Tekst 1
Tłumaczenie:
Arjuna powiedział: Słyszałem wasze pouczenie o poufnych sprawach duchowych, które tak łaskawie mi przekazaliście, a moja iluzja jest teraz rozwiana.

Tekst 2
Tłumaczenie:
O lotosowy, słyszałem od Ciebie w szczegółach o pojawieniu się i zniknięciu każdej żywej istoty, co zostało zrealizowane poprzez Twoje niewyczerpane chwały.

Tekst 3
Tłumaczenie:
O najwspanialsza z osobowości, O najwyższa forma, choć widzę tu przede mną Twoją aktualną pozycję, to jednak chcę zobaczyć jak weszliście w tę kosmiczną manifestację. Chcę zobaczyć tę twoją formę.

Tekst 4
Tłumaczenie:
Jeśli myślisz, że jestem w stanie ujrzeć Twoją kosmiczną formę, o mój Panie, o mistrzu wszelkiej mistycznej mocy, to uprzejmie pokaż mi to uniwersalne ja.

Tekst 5
Tłumaczenie:
Błogosławiony Pan powiedział: Mój drogi Arjunie, synu Prthy, oto teraz Moje bogactwa, setki tysięcy różnych boskich form, wielobarwnych jak morze.

Tekst 6
Tłumaczenie:
O best of the Bharatas, widzieć tutaj the różny manifestacja Adityas, Rudras, i wszystkie the demigods. Oto wiele rzeczy, których nikt nigdy wcześniej nie widział ani nie słyszał.

Tekst 7
Tłumaczenie:
Cokolwiek chcecie zobaczyć, możecie zobaczyć wszystko na raz w tym ciele. Ta uniwersalna forma może pokazać ci wszystko, czego teraz pragniesz, jak również to, czego możesz zapragnąć w przyszłości. Wszystko jest tutaj całkowicie.

Tekst 8
Tłumaczenie:
Ale nie możesz mnie zobaczyć swoimi obecnymi oczami. Dlatego daję wam boskie oczy, którymi możecie ujrzeć moje mistyczne bogactwo.

Tekst 9
Tłumaczenie:
Sanjaya powiedział: O Królu, mówiąc w ten sposób, Najwyższy, Pan wszelkiej mistycznej mocy, Osobowość Bóstwa, pokazał Arjunie swoją uniwersalną formę.

Teksty 10-11
Tłumaczenie:
Arjuna widział w tej uniwersalnej formie nieograniczone usta i nieograniczone oczy. To wszystko było cudowne. Forma została ozdobiona boskimi, olśniewającymi ornamentami i ułożona w wielu strojach. Został chwalebnie wianek, a nad jego ciałem unosiło się wiele zapachów. Wszystko było wspaniałe, rozciągające się, nieograniczone. Widział to Arjuna.

Tekst 12
Tłumaczenie:
Jeśli setki tysięcy słońc wzniosły się na niebie na raz, to mogą one przypominać wylewkę Najwyższej Osoby w tej uniwersalnej formie.

Tekst 13
Tłumaczenie:
W tym czasie Arjuna mógł zobaczyć w uniwersalnej formie Pana nieograniczone rozszerzanie się wszechświata znajdującego się w jednym miejscu, choć podzielonego na wiele, wiele tysięcy.

Tekst 14
Tłumaczenie:
Następnie, zdumiony i zdumiony, jego włosy stojące na końcu, Arjuna zaczął modlić się ze złożonymi rękami, ofiarując ukłony Najwyższemu Panu.

Tekst 15
Tłumaczenie:
Arjuna powiedział: Mój drogi Panie Krsna, widzę zebranych razem w Twoim ciele wszystkich półbogów i różne inne żywe istoty. Widzę Brahmę siedzącą na kwiecie lotosu, a także Pana Sivę i wielu mędrców i boskich wężów.

Tekst 16
Tłumaczenie:
O Panie wszechświata, widzę w Twoim uniwersalnym ciele wiele, wiele form - brzuchy, usta, oczy - rozszerzone bez ograniczeń. Nie ma końca, nie ma początku, nie ma środka do tego wszystkiego.

Tekst 17
Tłumaczenie:
Twoja forma, ozdobiona różnymi koronami, pałkami i tarczami, jest trudna do zauważenia z powodu jej rażącego blasku, który jest ognisty i niezmierzony jak słońce.

Tekst 18
Tłumaczenie:
Jesteś najwyższym celem nadrzędnym; jesteś najlepszy we wszystkich wszechświatach; jesteś niewyczerpany, a Ty jesteś najstarszy; jesteś strażnikiem religii, wiecznej osobowości Godhead.

Tekst 19
Tłumaczenie:
Jesteś początkiem bez początku, środka i końca. Masz niezliczoną ilość ramion, a słońce i księżyc są wśród twoich wielkich, nieograniczonych oczu. Przez swój własny blask ogrzewasz cały ten wszechświat.

Tekst 20
Tłumaczenie:
Chociaż jesteś jednym, jesteś rozsiany po całym niebie i planetach i całej przestrzeni między nimi. O wielki, jak widzę tę straszną formę, widzę, że wszystkie systemy planetarne są zakłopotane.

Tekst 21
Tłumaczenie:
Wszyscy półbogowie poddają się i wchodzą w ciebie. Bardzo się boją, a ze złożonymi rękami śpiewają hymny wedyjskie.

Tekst 22
Tłumaczenie:
The różny manifestacja Władyka Siva, the Adityas, the Vasus, the Sadhyas, the Visvadevas, the dwa Asvins, the Maruts, the forefathers i the Gandharvas, the Jakas, Asuras, i wszystkie udoskonalony półbogini oglądać Ty w zdumienie.

Tekst 23
Tłumaczenie:
O potężny-armed jeden, wszystkie planety z ich półbogów są zaniepokojeni widząc swoje liczne twarze, oczy, ręce, brzuchy i nogi i Twoje straszne zęby, i jak są one zakłócone, tak i ja.

Tekst 24
Tłumaczenie:
O wszechogarniająca Visnu, nie mogę już utrzymać równowagi. Widząc Twoje promienne kolory wypełniające niebo i patrząc na Twoje oczy i usta, boję się.

Tekst 25
Tłumaczenie:
Panie lordzie, o ucieczce od światów, bądź dla mnie łaskawy. Nie mogę utrzymać mojej równowagi widząc w ten sposób Twoje płonące śmiercionośne twarze i okropne zęby. We wszystkich kierunkach jestem zdumiony.

Teksty 26-27

Tłumaczenie:

Wszyscy synowie Dhrtarastry wraz z ich sprzymierzonymi królami, i Bhisma, Drona i Karna, i wszyscy nasi żołnierze pędzą w Twoje usta, ich głowy rozbite przez Twoje straszne zęby. Widzę, że niektórzy są też miażdżeni między zębami.

Tekst 28

Tłumaczenie:

Jak rzeki wpływają do morza, tak wszyscy ci wielcy wojownicy wchodzą do twoich płonących ust i giną.

Tekst 29

Tłumaczenie:

Widzę wszystkich ludzi pędzących z pełną prędkością do twoich ust, jak mole wpadają w płonący ogień.

Tekst 30

Tłumaczenie:

O Visnu, widzę, że pożerasz wszystkich ludzi w swoich płomiennych ustach i zasłaniasz wszechświat swoimi niezmierzonymi promieniami. Spalając światy, jesteś manifestem.

Tekst 31

Tłumaczenie:

Panie lordzie, tak zaciekła forma, proszę mi powiedzieć, kim pan jest. Ofiarowuję ci moje obeisances. Proszę, bądź dla mnie łaskawy. Nie wiem, jaka jest twoja misja, i chcę o niej usłyszeć.

Tekst 32

Tłumaczenie:

Błogosławiony Pan powiedział: Czas jestem, niszczycielu światów, i przyszedłem zaangażować wszystkich ludzi. Z wyjątkiem ciebie [Pandavas], wszyscy żołnierze tutaj po obu stronach zostaną zabici.

Tekst 33
Tłumaczenie:
Dlatego wstań i przygotuj się do walki. Po zdobyciu wrogów będziesz cieszyć się kwitnącym królestwem. Mój układ już ich zabija, a ty, Sawjasacinie, możesz być tylko instynktem w walce.

Tekst 34
Tłumaczenie:
Błogosławiony Pan powiedział: Wszyscy wielcy wojownicy - Drona, Bhisma, Jayadratha, Karna - są już zniszczeni. Po prostu walcz, a pokonasz swoich wrogów.

Tekst 35
Tłumaczenie:
Sanjaya powiedział do Dhrtarastry: O Królu, po usłyszeniu tych słów od Najwyższej Osobowości Boskiej, Arjuna zadrżał, ze strachem zaoferował obeisances ze złożonymi rękami i zaczął, chwiejąc się, mówić w następujący sposób:

Tekst 36
Tłumaczenie:
O Hrsikesa, świat staje się radosny po usłyszeniu Twojego imienia i w ten sposób wszyscy stają się do Ciebie przywiązani. Mimo, że doskonałe istoty oddają Ci swój szacunek, demony boją się i uciekają tu i tam. To wszystko jest dobrze zrobione.

Tekst 37
Tłumaczenie:
O wielki, który stoi ponad nawet Brahmą, Jesteś oryginalnym mistrzem. Dlaczego nie mieliby ci oddać hołdu, O bezgraniczna? O ostoji wszechświata, Ty jesteś niezwyciężonym źródłem, przyczyną wszystkich przyczyn, transcendentalnych do tego materialnego przejawu.

Tekst 38
Tłumaczenie:
Jesteś oryginalną Osobowością, Godhead. Jesteście jedynym sanktuarium tego zamanifestowanego świata kosmicznego. Wiesz wszystko. Jesteś

wszystkim, co można wiedzieć. Jesteś ponad trybami materiałowymi. O bezgraniczna forma! Ta cała kosmiczna manifestacja jest przeniknięta przez Ciebie!
Tekst 39
Tłumaczenie:
Jesteś powietrzem, ogniem, wodą, a ty jesteś księżycem! Jesteś najwyższym kontrolerem i dziadkiem. I tak oferuję wam moje pełne szacunku podziękowania tysiące razy, i jeszcze raz, i jeszcze raz, i jeszcze raz!

Tekst 40
Tłumaczenie:
Obeisances od przodu, od tyłu i ze wszystkich stron! O bezgraniczna moc! Jesteś panem bezgranicznej mocy, potworze! Jesteś wszechogarniający, a więc jesteś wszystkim!

Teksty 41-42
Tłumaczenie:
W przeszłości zwracałem się do Ciebie jako "O Krsna", "O Yadava", "O mój przyjacielu", nie znając Twoich chwał. Proszę wybaczyć wszystko, co zrobiłem w szaleństwie lub w miłości. Zhańbiłem Cię wiele razy podczas relaksu lub leżąc na tym samym łóżku lub jedząc razem, czasami samotnie, a czasami przed wieloma przyjaciółmi. Proszę mi wybaczyć za wszystkie moje wykroczenia.

Tekst 43
Tłumaczenie:
Jesteś ojcem tej kompletnej kosmicznej manifestacji, czcigodnym wodzem, mistrzem duchowym. Nikt nie jest tobie równy, ani nikt nie może być z tobą równy. W tych trzech światach, jesteś niezmierzony.

Tekst 44
Tłumaczenie:
Jesteś Najwyższym Panem, który ma być czczony przez każdą żywą istotę. Dlatego upadam, by okazać Ci mój szacunek i prosić o Twoje miłosierdzie. Proszę, tolerować krzywdy, które mogłem wyrządzić Tobie i znosić ze mną

jako ojciec z synem, lub przyjaciel z przyjacielem, lub kochanka z ukochaną.

Tekst 45
Tłumaczenie:
Po zobaczeniu tej uniwersalnej formy, której nigdy wcześniej nie widziałem, cieszę się, ale jednocześnie mój umysł jest zaburzony strachem. Dlatego proszę obdarz mnie swoją łaską i objawić ponownie swoją formę jako Osobowość Godhead, O Panie Panów, O mieszkanie wszechświata.

Tekst 46
Tłumaczenie:
O uniwersalny Panie, pragnę Cię widzieć w Twojej czteroramiennej postaci, z głową w kasku i z pałką, kołem, koniczyną i kwiatem lotosu w Twoich rękach. Tęsknię za tym, by zobaczyć cię w takiej formie.

Tekst 47
Tłumaczenie:
Błogosławiony Pan powiedział: Mój drogi Arjunie, z radością pokażę ci tę uniwersalną formę w świecie materialnym przez moją wewnętrzną potencję. Nikt przed tobą nigdy nie widział tej nieograniczonej i rażąco efektownej formy.

Tekst 48
Tłumaczenie:
O najlepsze z wojowników Kuru, nikt przed Tobą nigdy nie widział tej uniwersalnej formy mojej, bo ani studiując Wedy, ani składając ofiary, ani prowadząc działalność charytatywną czy podobną, nie można zobaczyć tej formy. Tylko ty to widziałeś.

Tekst 49
Tłumaczenie:
Twój umysł był zakłopotany widząc tę straszną cechę mojego ciała. Teraz niech będzie skończone. Mój wielbicielu, bądź wolny od wszelkich zakłóceń. Z spokojnym umysłem możesz teraz zobaczyć formę, której pragniesz.

Tekst 50

Tłumaczenie:

Sanjaya powiedział do Dhrtarastry: Najwyższa Osobowość Boskiej Głowy, Krsna, przemawiając w ten sposób do Arjuna, pokazał swoją prawdziwą czteroramienną formę, a w końcu pokazał mu swoją dwuramienną formę, zachęcając w ten sposób bojaźliwego Arjuna.

Tekst 51

Tłumaczenie:

Kiedy Arjuna zobaczył w ten sposób Krsnę w swojej oryginalnej formie, powiedział: Widząc tę ludzką formę, tak bardzo piękną, mój umysł jest teraz spacyfikowany, a ja jestem przywrócony do mojej pierwotnej natury.

Tekst 52

Tłumaczenie:

Błogosławiony Pan powiedział: Mój drogi Arjunie, forma, którą teraz widzisz jest bardzo trudna do zobaczenia. Nawet półbogowie zawsze szukają możliwości zobaczenia tej formy, która jest tak droga.

Tekst 53

Tłumaczenie:

Forma, którą widzisz swoimi transcendentalnymi oczyma, nie może być zrozumiana po prostu przez studiowanie Wedy, przez poddawanie się poważnym pokutom, przez miłość, ani przez kult. To nie przez to można mnie zobaczyć takim, jakim jestem.

Tekst 54

Tłumaczenie:

Moja droga Arjuno, tylko poprzez niepodzielną służbę pobożną mogę być rozumiany jako ja, stojący przed tobą, a zatem mogę być widziany bezpośrednio. Tylko w ten sposób można wejść w tajemnice mojego rozumienia.

Tekst 55

Tłumaczenie:

Mój drogi Arjunie, który angażuje się w moją czystą, dewocjonalitarną służbę, wolną od zanieczyszczeń poprzednich działań i od psychicznych spekulacji, która jest przyjazna dla każdej żywej istoty, z pewnością przychodzi do mnie.

Rozdział 12: Służba dewocjonalistyczna

Tekst 1
Tłumaczenie:
Arjuna zapytał: Który jest uważany za doskonalszy: ci, którzy są właściwie zaangażowani w Twoją pobożną służbę, czy ci, którzy czczą bezosobowego Brahmana, niepoznaki?

Tekst 2
Tłumaczenie:
Błogosławiony Pan powiedział: Ten, którego umysł jest utrwalony na mojej osobistej formie, zawsze zaangażowany w oddawanie mi czci z wielką i transcendentną wiarą, jest uważany przeze mnie za najdoskonalszego.

Teksty 3-4
Tłumaczenie:
Ale ci, którzy w pełni czczą to, co nie zostało wyjaśnione, to, co leży poza postrzeganiem zmysłów, to, co wszechogarniające, niewyobrażalne, stałe i nieruchome - bezosobowe pojmowanie Absolutnej Prawdy - poprzez kontrolowanie różnych zmysłów i bycie tak samo dyspozycyjnym dla wszystkich, takich osób, zaangażowanych w dobro wszystkich, w końcu Mnie osiągają.

Tekst 5
Tłumaczenie:
Dla tych, których umysły są przywiązane do niezbadanej, bezosobowej cechy Najwyższego, awans jest bardzo kłopotliwy. Robienie progresu w tej dyscyplinie jest zawsze trudne dla tych, którzy są wcieleni.

Teksty 6-7
Tłumaczenie:
Dla tego, który Mnie czci, oddając wszystkie swoje działania i będąc oddanym Mnie bez zboczenia, zaangażowany w pobożną służbę i zawsze medytując nade mną, który utrwalił swój umysł na mnie, synu Prthy, dla niego jestem szybkim wybawcą z oceanu narodzin i śmierci.

Tekst 8
Tłumaczenie:
Umocuj swój umysł na mnie, Najwyższej Osobowości Boskiej, i zaangażuj we mnie całą swoją inteligencję. Tak więc będziesz żył we mnie zawsze, bez wątpienia.

Tekst 9
Tłumaczenie:
Mój drogi Arjunie, O zdobywco bogactwa, jeśli nie możesz naprawić swojego umysłu na mnie bez zboczenia, wtedy postępuj zgodnie z regulowanymi zasadami bhakti-jogi W ten sposób rozwiniesz pragnienie osiągnięcia do mnie.

Tekst 10
Tłumaczenie:
Jeśli nie możesz praktykować przepisów bhakti-jogi, to po prostu staraj się pracować dla mnie, bo pracując dla mnie dojdziesz do idealnego etapu.

Tekst 11
Tłumaczenie:
Jeśli jednak nie jesteście w stanie pracować w tej świadomości, to postarajcie się działać, rezygnując ze wszystkich wyników swojej pracy i starajcie się być na miejscu.

Tekst 12
Tłumaczenie:
Jeżeli nie możesz wziąć na siebie tej praktyki, to zaangażuj się w kultywowanie wiedzy. Lepsza od wiedzy jest jednak medytacja, a lepsza od medytacji jest wyrzeczenie się owoców działania, bo przez takie wyrzeczenie można osiągnąć spokój ducha.

Teksty 13-14
Tłumaczenie:
Ten, który nie jest zazdrosny, ale który jest życzliwym przyjacielem wszystkich żyjących podmiotów, który nie uważa siebie za właściciela, który jest wolny od fałszywego ego i równy zarówno w szczęściu, jak i w cierpieniu, który zawsze jest zadowolony i zaangażowany w devotional

service z determinacją i którego umysł i inteligencja są w zgodzie z Mnie - jest mi bardzo drogi.

Tekst 15

Tłumaczenie:

Ten, dla którego nikt nie jest narażony na trudności i który nie jest zabrudzony przez niepokój, który jest stały w szczęściu i cierpieniu, jest mi bardzo drogi.

Tekst 16

Tłumaczenie:

Wielbiciel, który nie jest zależny od zwykłego przebiegu czynności, który jest czysty, fachowy, beztroski, wolny od wszelkich bolączek, i który nie dąży do jakiegoś wyniku, jest mi bardzo drogi.

Tekst 17

Tłumaczenie:

Ten, kto nie pojmuje przyjemności ani żalu, kto nie lamentuje ani nie pragnie i kto wyrzeka się zarówno rzeczy pomyślnych, jak i niepomyślnych, jest mi bardzo drogi.

Teksty 18-19

Tłumaczenie:

Ten, który jest równy przyjaciołom i wrogom, który jest wyposażony w cześć i hańbę, ciepło i zimno, szczęście i niepokój, sława i niesławę, który jest zawsze wolny od zanieczyszczeń, zawsze milczący i zadowolony z wszystkiego, który nie dba o żadne miejsce zamieszkania, który jest utrwalony w wiedzy i zaangażowany w devotional service, jest mi bardzo drogi.

Tekst 20

Tłumaczenie:

Ten, kto podąża tą nieskończoną ścieżką pobożnej służby i całkowicie angażuje się z wiarą, czyniąc mnie najwyższym celem, jest mi bardzo, bardzo drogi.

Rozdział 13: Przyroda, Rozkoszowanie się i Świadomość

Teksty 1-2
Tłumaczenie:
Arjuna powiedział: O moja droga Krsna, chcę wiedzieć o prakrti [naturze], Purusie [cieszycielu] i o polu i o znajomości pola, i o wiedzy i końcu wiedzy. Błogosławiony Pan powiedział wtedy: To ciało, O synu Kunti, nazywane jest polem, a ten, kto zna to ciało, nazywa się znawcą pola.

Tekst 3
Tłumaczenie:
O zrazu Bharata, powinieneś zrozumieć, że ja również jestem znawcą we wszystkich ciałach, a zrozumienie tego ciała i jego właściciela nazywane jest wiedzą. Takie jest moje zdanie.

Tekst 4
Tłumaczenie:
Teraz proszę posłuchać mojego krótkiego opisu tego pola działalności i tego, jak się ono składa, jakie są jego zmiany, skąd jest produkowane, kto zna to pole działalności i jakie są jego wpływy.

Tekst 5
Tłumaczenie:
Wiedza ta jest opisana przez różnych mędrców w różnych pismach wedyjskich - szczególnie w Vedancie-sutrze - i jest przedstawiona z całym uzasadnieniem, co do przyczyny i skutku.

Teksty 6-7
Tłumaczenie:
Pięć wielkich elementów, fałszywe ego, inteligencja, nieujawnione, dziesięć zmysłów, umysł, pięć przedmiotów zmysłu, pragnienie, nienawiść, szczęście, szczęście, niepokój, agregat, objawy życiowe i przekonania - wszystko to jest uważane, w skrócie, za pole działania i jego interakcji.

Teksty 8-12
Tłumaczenie:
Pokora, bez dumy, niestosowanie przemocy, tolerancja, prostota, zbliżanie się do mistrza duchowego, czystość, wytrwałość i samokontrola; wyrzeczenie się przedmiotów zaspokojenia zmysłów, brak fałszywego ego, postrzeganie zła urodzenia, śmierci, starości i choroby; brak przywiązania do dzieci, żony, domu i reszty, a nawet paraliż wśród przyjemnych i nieprzyjemnych zdarzeń; nieustanne i niestowarzyszone oddanie się Mnie, uciekanie się do miejsc odosobnionych, oderwanie się od ogólnej masy ludzi; akceptowanie znaczenia samorealizacji i filozoficzne poszukiwanie Prawdy Absolutnej - wszystko to, co deklaruję w ten sposób jako wiedzę, a co jest przeciwne, to ignorancja.

Tekst 13
Tłumaczenie:
Wyjaśnię teraz to, co znane, wiedząc, że skosztujesz wiecznego. To jest beznadziejne i podrzędne wobec mnie. Nazywany jest on duchem Brahmana i leży poza przyczyną i skutkiem tego materialnego świata.

Tekst 14
Tłumaczenie:
Wszędzie są Jego ręce i nogi, Jego oczy i twarze, a On słyszy wszystko. W ten sposób Supersoul istnieje.

Tekst 15
Tłumaczenie:
Supersoul jest oryginalnym źródłem wszystkich zmysłów, a jednak jest bez zmysłów. Jest niezrzeszony, choć jest opiekunem wszystkich żywych istot. On wykracza poza tryby natury, a jednocześnie jest mistrzem wszystkich trybów natury materialnej.

Tekst 16
Tłumaczenie:
Najwyższa Prawda istnieje zarówno wewnętrznie jak i zewnętrznie, w ruchu i nieruchu. On jest poza mocą zmysłów materialnych, aby zobaczyć lub wiedzieć. Chociaż daleko, daleko, On też jest blisko wszystkich.

Tekst 17

Tłumaczenie:

Chociaż Supersoul wydaje się być podzielony, nigdy nie jest podzielony. Znajduje się jako jeden. Chociaż On jest opiekunem każdej żywej istoty, należy rozumieć, że On pożera i rozwija wszystko.

Tekst 18

Tłumaczenie:

On jest źródłem światła we wszystkich świetlistych obiektach. On jest poza mrokiem materii i jest niezauważony. On jest wiedzą, On jest przedmiotem wiedzy, a On jest celem wiedzy. Znajduje się w sercu każdego.

Tekst 19

Tłumaczenie:

Tak więc pole działania [ciała], wiedza i to, co znane, zostały w skrócie opisane przeze mnie. Tylko Moi wielbiciele mogą to dokładnie zrozumieć i w ten sposób dotrzeć do mojej natury.

Tekst 20

Tłumaczenie:

Materialna natura i żywe podmioty powinny być rozumiane jako niemające początku. Ich przemiany i sposoby materii są produktami o charakterze materialnym.

Tekst 21

Tłumaczenie:

Mówi się, że przyroda jest przyczyną wszystkich materialnych działań i skutków, podczas gdy żywa istota jest przyczyną różnych cierpień i przyjemności w tym świecie.

Tekst 22

Tłumaczenie:

Żywa jednostka w materialnej naturze podąża więc za sposobami życia, ciesząc się trzema rodzajami natury. Wynika to z jego związku z tą materialną naturą. W ten sposób spotyka się z dobrem i złem wśród różnych gatunków

Tekst 23

Tłumaczenie:

Jednak w tym ciele jest jeszcze jeden, transcendentalny cieszyciel, który jest Panem, najwyższym właścicielem, który istnieje jako nadzorca i dozorca, i który jest znany jako Supersduła.

Tekst 24

Tłumaczenie:

Ten, kto rozumie tę filozofię dotyczącą materialnej natury, żywego bytu i interakcji między rodzajami natury, na pewno osiągnie wyzwolenie. Nie urodzi się tu ponownie, niezależnie od swojej obecnej pozycji.

Tekst 25

Tłumaczenie:

Jedni postrzegają Supersulę poprzez medytację, inni poprzez kultywowanie wiedzy, a jeszcze inni poprzez pracę bez owocnych pragnień.

Tekst 26

Tłumaczenie:

Znowu są tacy, którzy, choć nie znają się na wiedzy duchowej, zaczynają czcić Najwyższą Osobę, gdy słyszą o Nim od innych. Ze względu na swoją skłonność do wysłuchiwania władz, wykraczają one również poza drogę narodzin i śmierci.

Tekst 27

Tłumaczenie:

O szefie Bharatów, cokolwiek widzisz w istnieniu, zarówno poruszające jak i nieporuszające się, jest tylko połączeniem pola działania i wiedzy o polu.

Tekst 28

Tłumaczenie:

Ten, kto widzi Supersulę towarzyszącą indywidualnej duszy we wszystkich ciałach i kto rozumie, że ani dusza, ani Supersula nie są nigdy zniszczone, w rzeczywistości widzi.

Tekst 29
Tłumaczenie:
Ten, kto widzi Supersulę w każdej żywej istocie i wszędzie jest równy, nie poniża się przez swój umysł. W ten sposób zbliża się do transcendentalnego celu.

Tekst 30
Tłumaczenie:
Kto widzi, że wszystkie czynności są wykonywane przez ciało, które jest stworzone z natury materialnej, i widzi, że ja nie robi nic, faktycznie widzi.

Tekst 31
Tłumaczenie:
Kiedy rozsądny człowiek przestaje widzieć różne tożsamości, które wynikają z różnych ciał materialnych, dochodzi do poczęcia Brahmana. Widzi więc, że istoty rozszerzają się wszędzie.

Tekst 32
Tłumaczenie:
Ci, którzy mają wizję wieczności, mogą zobaczyć, że dusza jest transcendentna, wieczna i poza trybami natury. Pomimo kontaktu z materialnym ciałem, O Arjunie, dusza nie robi nic i nie jest zaplątana.

Tekst 33
Tłumaczenie:
Niebo, ze względu na swoją subtelną naturę, nie miesza się z niczym, choć jest wszechogarniające. Podobnie, dusza, znajdująca się w wizji Brahmana, nie miesza się z ciałem, chociaż znajduje się w tym ciele.

Tekst 34
Tłumaczenie:
O synu Bharaty, jak słońce samo oświetla cały ten wszechświat, tak samo żywa istota, jedna w ciele, oświetla całe ciało przez świadomość.

Tekst 35

Tłumaczenie:

Ten, kto świadomie widzi tę różnicę między ciałem a jego właścicielem i potrafi zrozumieć proces wyzwalania się z tej niewoli, osiąga również najwyższy cel.

Rozdział 14: Trzy rodzaje natury materialnej

Tekst 1
Tłumaczenie:
Błogosławiony Pan powiedział: Znowu ogłoszę wam tę najwyższą mądrość, najlepszą z wszelkiej wiedzy, wiedząc, że wszyscy mędrcy osiągnęli najwyższą doskonałość.

Tekst 2
Tłumaczenie:
Utrwalając się w tej wiedzy, można dojść do transcendentnej natury, która jest podobna do mojej własnej natury. Tak ustalone, nie rodzi się w chwili powstania ani nie jest zakłócone w chwili rozwiązania.

Tekst 3
Tłumaczenie:
Całkowita substancja materialna, zwana Brahmanem, jest źródłem narodzin i to właśnie Brahmana zapładniam, umożliwiając narodziny wszystkich żywych istot, o synu Bharaty.

Tekst 4
Tłumaczenie:
Należy zrozumieć, że wszystkie gatunki życia, O synu Kuntiego, są możliwe dzięki narodzinom w tej materialnej naturze, i że jestem ojcem dającym nasiona.

Tekst 5
Tłumaczenie:
Natura materialna składa się z trzech trybów - dobroci, pasji i ignorancji. Kiedy żywy podmiot wchodzi w kontakt z naturą, staje się uwarunkowany przez te tryby.

Tekst 6
Tłumaczenie:
O bezgrzeszny, tryb dobroci, będąc czystszym od innych, jest oświecający, i uwalnia od wszystkich grzesznych reakcji. Osoby znajdujące się w tym trybie rozwijają wiedzę, ale stają się uwarunkowane pojęciem szczęścia.

Tekst 7
Tłumaczenie:
Sposób namiętności rodzi się z nieograniczonych pragnień i tęsknoty, O synu Kuntiego, i z tego powodu jest związany z materialnie owocnymi działaniami.

Tekst 8
Tłumaczenie:
O synu Bharaty, tryb niewiedzy powoduje złudzenie wszystkich żywych bytów. Wynikiem tego trybu jest szaleństwo, indolencja i sen, które wiążą kondycjonowaną duszę.

Tekst 9
Tłumaczenie:
Sposób dobroci warunkuje szczęście, pasja warunkuje owoce działania, a ignorancja do szaleństwa.

Tekst 10
Tłumaczenie:
Czasami tryb namiętności staje się wybitny, pokonując tryb dobroci, O synu Bharata. I czasem tryb dobroci pokonuje pasję, a innym razem tryb niewiedzy pokonuje dobroć i pasję. W ten sposób zawsze istnieje konkurencja o dominację.

Tekst 11
Tłumaczenie:
Objawów trybu dobroci można doświadczyć, gdy wszystkie bramy ciała są oświetlone przez wiedzę.

Tekst 12
Tłumaczenie:
O szefie Bharatas, kiedy jest wzrost w trybie pasji, objawy wielkiego przywiązania, niekontrolowane pragnienie, hankering, i intensywny wysiłek rozwijać.

Tekst 13
Tłumaczenie:
O synu Kuru, gdy następuje wzrost trybu obłędu niewiedzy, iluzja, inercja i ciemność są manifestowane.

Tekst 14
Tłumaczenie:
Kiedy umiera się w trybie dobroci, dochodzi się do czystych wyższych planet.

Tekst 15
Tłumaczenie:
Gdy umiera się w trybie namiętności, rodzi się wśród tych, którzy zajmują się działalnością owocową; a gdy umiera w trybie niewiedzy, rodzi się w królestwie zwierząt.

Tekst 16
Tłumaczenie:
Działając w trybie dobroci, człowiek staje się oczyszczony. Prace wykonywane w trybie namiętności powodują niepokój, a czynności wykonywane w trybie niewiedzy skutkują głupotą.

Tekst 17
Tłumaczenie:
Z trybu dobroci rozwija się prawdziwa wiedza, z trybu namiętności rozwija się żal, a z trybu ignorancji, głupoty, szaleństwa i iluzji.

Tekst 18
Tłumaczenie:
Ci, którzy znajdują się w trybie dobroci, stopniowo idą w górę na wyższe planety; ci, którzy znajdują się w trybie namiętności, żyją na planetach ziemskich; a ci, którzy znajdują się w trybie niewiedzy, idą w dół do piekielnych światów.

Tekst 19
Tłumaczenie:
Kiedy widzisz, że nie ma nic poza tymi trybami natury we wszystkich działaniach i że Najwyższy Pan jest transcendentny do wszystkich tych trybów, wtedy możesz poznać moją duchową naturę.

Tekst 20
Tłumaczenie:
Kiedy wcielona istota jest w stanie przekroczyć te trzy tryby, może stać się wolna od narodzin, śmierci, starości i ich cierpień i może cieszyć się nektarem nawet w tym życiu.

Tekst 21
Tłumaczenie:
Arjuna zapytał: O mój drogi Panie, po jakich symptomach wiadomo, kto jest transcendentalny do tych trybów? Jakie jest jego zachowanie? I jak on wykracza poza tryby natury?

Teksty 22-25
Tłumaczenie:
Błogosławiony Pan powiedział: Kto nie nienawidzi oświecenia, przywiązania i urojenia, gdy są obecne, ani nie tęskni za nimi, gdy znikają; kto siedzi jak niezaniepokojony, będąc usytuowany poza tymi materialnymi reakcjami trybów natury, kto pozostaje stanowczy, wiedząc, że same tryby są aktywne; który traktuje tak samo przyjemność i ból, i patrzy na bryłę, kamień i kawałek złota równym okiem; który jest mądry i trzyma pochwałę i winę za to samo; który jest niezmienny w honorze i hańbie, który traktuje tak samo przyjaciela, jak i wroga, który porzucił wszystkie owocne przedsięwzięcia - takie jak mówi się, że człowiek przekroczył tryby natury.

Tekst 26
Tłumaczenie:
Ten, kto angażuje się w pełn± pobożn± służbę, kto nie upadnie w żadnych okoliczno¶ciach, od razu wykracza poza sposoby natury materialnej i w ten sposób dochodzi do poziomu Brahmana.

Tekst 27

Tłumaczenie:

A ja jestem podstawą bezosobowego Brahmana, który jest konstytucyjnym stanowiskiem ostatecznego szczęścia, i który jest nieśmiertelny, nieprzemijający i wieczny.

Rozdział 15: Joga Najwyższej Osoby

Tekst 1
Tłumaczenie:
Błogosławiony Pan powiedział: Znajduje się tam drzewo banyan, które ma swoje korzenie ku górze, a gałęzie ku dołowi, a jego liśćmi są hymny wedyjskie. Ten, kto zna to drzewo, jest znawcą Wedy.

Tekst 2
Tłumaczenie:
Gałęzie tego drzewa rozciągają się w dół i w górę, odżywione przez trzy sposoby natury materialnej. Gałązki są obiektami zmysłów. Drzewo to ma również korzenie schodzące w dół, a te są związane z owocowymi działaniami ludzkiego społeczeństwa.

Teksty 3-4
Tłumaczenie:
Prawdziwa forma tego drzewa nie może być postrzegana w tym świecie. Nikt nie może zrozumieć, gdzie się kończy, gdzie się zaczyna i gdzie jest jego fundament. Ale z determinacją trzeba ściąć to drzewo z bronią oporową. Czyniąc to, trzeba szukać tego miejsca, z którego po odejściu nigdy nie wraca się i tam poddaje się tej najwyższej osobowości boga, od którego wszystko się zaczęło i w którym wszystko trwa od niepamiętnych czasów.

Tekst 5
Tłumaczenie:
Ten, kto jest wolny od iluzji, fałszywego prestiżu i fałszywych skojarzeń, kto rozumie wieczne, kto czyni to z materialną pożądliwością i jest uwolniony od dwoistości szczęścia i cierpienia, i kto wie, jak poddać się Najwyższej Osobie, osiąga to wieczne królestwo.

Tekst 6
Tłumaczenie:
To moje mieszkanie nie jest oświetlone ani słońcem, ani księżycem, ani elektrycznością. Ten, kto do niego dotrze, nigdy nie wróci do tego materialnego świata.

Tekst 7

Tłumaczenie:

Żywe istoty w tym uwarunkowanym świecie są moimi odwiecznymi, fragmentarycznymi częściami. Ze względu na uwarunkowane życie, zmagają się one bardzo ciężko z sześcioma zmysłami, do których należy umysł.

Tekst 8

Tłumaczenie:

Żywy byt w świecie materialnym przenosi swoje różne koncepcje życia z jednego ciała na drugie, ponieważ powietrze przenosi zapachy.

Tekst 9

Tłumaczenie:

Żywa istota, przyjmując w ten sposób inne ciało brutto, otrzymuje pewien rodzaj ucha, języka, nosa i zmysłu dotyku, które są zgrupowane wokół umysłu. W ten sposób cieszy się szczególnym zestawem zmysłowych przedmiotów.

Tekst 10

Tłumaczenie:

Głupiec nie może zrozumieć, w jaki sposób żywa istota może opuścić swoje ciało, ani nie może zrozumieć, jaki rodzaj ciała cieszy się pod zaklęciem sposobów natury. Ale ten, którego oczy są wytrenowane w wiedzy, może to wszystko zobaczyć.

Tekst 11

Tłumaczenie:

Starający się transcendentalista, który znajduje się w samorealizacji, widzi to wszystko wyraźnie. Ale ci, którzy nie znajdują się w samorealizacji, nie mogą zobaczyć, co się dzieje, choć mogą próbować.

Tekst 12

Tłumaczenie:

Blask słońca, które rozprasza ciemności tego całego świata, pochodzi ode mnie. A blask księżyca i blask ognia również pochodzą ode mnie.

Tekst 13
Tłumaczenie:
Wchodzę na każdą z planet, a moją energią pozostają na orbicie. Staję się księżycem i w ten sposób dostarczam sok z życia do wszystkich warzyw.

Tekst 14
Tłumaczenie:
Jestem ogniem trawienia w każdym żywym ciele i jestem powietrzem życia, wychodzącym i przychodzącym, przez które trawię cztery rodzaje pokarmów.

Tekst 15
Tłumaczenie:
Siedzę w sercu każdego, a ze Mnie przychodzi pamięć, wiedza i zapomnienie. Przez wszystkich Wedów jestem znany; rzeczywiście jestem kompilatorem Wedanty i jestem jej znawcą.

Tekst 16
Tłumaczenie:
Są dwie klasy istot, niezawodne i nieomylne. W świecie materialnym każda istota jest nieomylna, a w świecie duchowym każda istota jest nazywana nieomylną.

Tekst 17
Tłumaczenie:
Oprócz tych dwóch, istnieje największa żywa osobowość, sam Pan, który wszedł na te światy i utrzymuje je.

Tekst 18
Tłumaczenie:
Ponieważ jestem transcendentalny, poza tym, co przewrotne i nieomylne, i ponieważ jestem największy, jestem celebrowany zarówno w świecie, jak i w Wedach jako ta Najwyższa Osoba.

Tekst 19
Tłumaczenie:
Ktokolwiek zna Mnie jako Najwyższą Osobowość Boskiej Głowy, bez wątpienia powinien być rozumiany jako wiedzący o wszystkim, dlatego też angażuje się w pełną pobożną służbę, O synu Bharata.

Tekst 20
Tłumaczenie:
Jest to najbardziej poufna część Pism Wedyjskich, O bezgrzeszna, i jest ona teraz ujawniona przeze mnie. Ktokolwiek to zrozumie, stanie się mądry, a jego starania będą znały doskonałość.

Rozdział 16: Natury Boskie i Demoniańskie

Teksty 1-3
Tłumaczenie:
Błogosławiony Pan powiedział: Nieustraszoność, oczyszczenie własnej egzystencji, kultywowanie wiedzy duchowej, miłość, samokontrola, składanie ofiar, studiowanie Wedy, surowość i prostota; niestosowanie przemocy, prawdomówność, wolność od gniewu; wyrzeczenie się, spokój, niechęć do ułomności, współczucie i wolność od chciwości; łagodność, skromność i stała determinacja; wigor, przebaczenie, hart ducha, czystość, wolność od zazdrości i pasja do czci - te transcendentalne cechy, O synu Bharata, należą do boskich ludzi obdarzonych boską naturą.

Tekst 4
Tłumaczenie:
Arogancja, duma, gniew, zarozumiałość, szorstkość i niewiedza - te cechy należą do tych o demonicznej naturze, synu Prthy.

Tekst 5
Tłumaczenie:
Transcendentalne cechy sprzyjają wyzwoleniu, podczas gdy demoniczne cechy tworzą niewolę. Nie martw się, synu Pandu, bo rodzisz się z boskimi cechami.

Tekst 6
Tłumaczenie:
O synu Prthy, na tym świecie istnieją dwa rodzaje stworzonych istot. Jeden nazywany jest boskim, a drugi demonicznym. Wytłumaczyłem ci już szczegółowo boskie cechy. A teraz posłuchaj mnie o demonicznym.

Tekst 7
Tłumaczenie:
Ci, którzy są demoniczni, nie wiedzą, co ma być zrobione, a co nie. Nie ma w nich ani czystości, ani właściwego zachowania, ani prawdy.

Tekst 8
Tłumaczenie:
Mówią, że ten świat jest nierealny, że nie ma fundamentów i że nie ma Boga w kontroli. Jest produkowany z pożądania seksualnego i nie ma innej przyczyny niż pożądanie.

Tekst 9
Tłumaczenie:
Idąc za takimi wnioskami, demoniczni, którzy są zagubieni wobec siebie i nie mają żadnej inteligencji, angażują się w niekorzystne, okropne prace, których celem jest zniszczenie świata.

Tekst 10
Tłumaczenie:
Demoniczni, ukrywający się pod nienasyconą żądzą, dumą i fałszywym prestiżem, a tym samym mający złudzenia, są zawsze zaprzysiężeni do nieczystej pracy, przyciągani nietrwałością.

Teksty 11-12
Tłumaczenie:
Wierzą, że zaspokojenie zmysłów do końca życia jest podstawową koniecznością ludzkiej cywilizacji. Nie ma więc końca ich lękom. Związani setkami i tysiącami pragnień, żądzą i złością, zabezpieczają pieniądze nielegalnymi środkami na zaspokojenie zmysłów.

Teksty 13-15
Tłumaczenie:
Człowiek demoniczny myśli: "Tyle bogactwa mam dzisiaj, a zdobędę więcej według moich planów. Tak wiele jest teraz moich, a w przyszłości będzie ich coraz więcej. On jest moim wrogiem, a ja go zabiłem. Mój drugi wróg też zginie. Jestem panem wszystkiego, cieszę się, jestem doskonały, potężny i szczęśliwy. Jestem najbogatszym człowiekiem, otoczonym przez arystokratycznych krewnych. Nie ma nikogo tak potężnego i szczęśliwego jak ja. Będę składał ofiary, okażę trochę miłości, a tym samym będę się cieszył". W ten sposób takie osoby są zwodzone przez ignorancję.

Tekst 16
Tłumaczenie:
W ten sposób zakłopotany różnymi lękami i związany siecią złudzeń, staje się zbyt mocno przywiązany do przyjemności zmysłowej i wpada do piekła.

Tekst 17
Tłumaczenie:
Samozadowoleni i zawsze bezczelni, zwodzeni bogactwem i fałszywym prestiżem, czasami składają ofiary tylko z nazwy, nie przestrzegając żadnych zasad i przepisów.

Tekst 18
Tłumaczenie:
Zdumiony fałszywym ego, siłą, pychą, żądzą i złością, demon staje się zazdrosny o Najwyższą Osobowość Boskiej Głowy, która znajduje się w jego własnym ciele i w ciałach innych, i bluźni przeciwko prawdziwej religii.

Tekst 19
Tłumaczenie:
Ci, którzy są zazdrośni i złośliwi, którzy są najniżsi wśród ludzi, są wrzucani przeze mnie do oceanu materialnej egzystencji, do różnych demonicznych gatunków życia.

Tekst 20
Tłumaczenie:
Osiągając wielokrotne narodziny wśród gatunków demonicznego życia, osoby takie nigdy nie mogą się do mnie zbliżyć. Stopniowo opadają do najbardziej obrzydliwego rodzaju egzystencji.

Tekst 21
Tłumaczenie:
Są trzy bramy prowadzące do tego piekielnego żądzy, gniewu i chciwości. Każdy rozsądny człowiek powinien z nich zrezygnować, gdyż prowadzą one do degradacji duszy.

Tekst 22

Tłumaczenie:

Człowiek, który uciekł z tych trzech bram piekła, O syn Kuntiego, dokonuje czynów sprzyjających samorealizacji i w ten sposób stopniowo osiąga najwyższy cel.

Tekst 23

Tłumaczenie:

Lecz ten, kto odrzuca biblijne nakazy i działa według własnych zachcianek, nie osiąga ani doskonałości, ani szczęścia, ani najwyższego przeznaczenia.

Tekst 24

Tłumaczenie:

Należy zrozumieć, co jest obowiązkiem, a co nie jest obowiązkiem na mocy przepisów Pisma Świętego. Znając takie zasady i przepisy, należy działać tak, aby można było go stopniowo podnosić.

Rozdział 17: Podziały wiary

Tekst 1
Tłumaczenie:
Arjuna powiedział: "O Krsna, jaka jest sytuacja tego, kto nie przestrzega zasad Pisma Świętego, ale czci według własnej wyobraźni? Czy jest w dobroci, w pasji czy w niewiedzy?

Tekst 2
Tłumaczenie:
Najwyższy Pan powiedział, że zgodnie ze sposobami natury nabytymi przez wcieloną duszę, czyjaś wiara może mieć trzy rodzaje - dobroć, pasję lub ignorancję. A teraz posłuchaj o tym.

Tekst 3
Tłumaczenie:
W zależności od swojego istnienia w różnych środowiskach przyrody, rozwija się szczególny rodzaj wiary. Mówi się, że żywa istota ma szczególną wiarę w zależności od sposobu, w jaki ją nabyła.

Tekst 4
Tłumaczenie:
Ludzie w trybie dobroci czczą półbogów; ci w trybie namiętności czczą demony; a ci w trybie niewiedzy czczą duchy i duchy.

Teksty 5-6
Tłumaczenie:
Ci, którzy poddają się surowym surowościom i pokutom niezalecanym w Piśmie Świętym, wykonując je z pychy, egoizmu, żądzy i przywiązania, którzy są pod wpływem namiętności i którzy torturują swoje organy cielesne, a także mieszkające w nich nadduszne istoty, mają być znani jako demony.

Tekst 7

Tłumaczenie:

Nawet jedzenie, z którego wszystkie potrawy są trzy rodzaje, zgodnie z trzema rodzajami natury materialnej. To samo odnosi się do poświęceń, oszczędności i dobroczynności. Słuchajcie, a ja wam powiem o ich wyróżnieniach.

Tekst 8-10

Tłumaczenie:

Pokarmy w trybie dobroci zwiększają długość życia, oczyszczają byt i dają siłę, zdrowie, szczęście i satysfakcję. Takie odżywcze produkty są słodkie, soczyste, tuczące i smaczne. Jedzenie zbyt gorzkie, zbyt kwaśne, słone, ostre, suche i gorące jest lubiane przez ludzi w trybach pasji. Takie pokarmy powodują ból, niepokój i choroby. Jedzenie gotowane na ponad trzy godziny przed spożyciem, które jest bez smaku, stęchłe, zepsute, rozłożone i nieczyste, jest jedzeniem lubianym przez ludzi w trybie niewiedzy.

Tekst 11

Tłumaczenie:

Z poświęceń, to poświęcenie wykonane zgodnie z obowiązkiem i regułami biblijnymi, i bez oczekiwania nagrody, jest z natury dobroci.

Tekst 12

Tłumaczenie:

Ale ta ofiara wykonana dla jakiegoś materialnego celu lub korzyści lub wykonana ostentacyjnie, z dumy, jest z natury pasji, O szefie Bharatas.

Tekst 13

Tłumaczenie:

I ta ofiara dokonywana wbrew biblijnym nakazom, w której nie rozdaje się duchowego pokarmu, nie śpiewa się hymnów i nie wypłaca się kapłanom wynagrodzenia, i która jest bezwierna - ta ofiara jest z natury nieświadomości.

Tekst 14
Tłumaczenie:
Surowość ciała polega na tym: uwielbienie Najwyższego Pana, brahmanów, mistrza duchowego i przełożonych jak ojciec i matka. Czystość, prostota, celibat i niestosowanie przemocy to także surowość ciała.

Tekst 15
Tłumaczenie:
Surowość wypowiedzi polega na mówieniu prawdomównym i korzystnym oraz na unikaniu wypowiedzi, które są obraźliwe. Należy również regularnie recytować Wedy.

Tekst 16
Tłumaczenie:
A spokój, prostota, grawitacja, samokontrola i czystość myśli to oszczędności umysłu.

Tekst 17
Tłumaczenie:
Ta potrójna surowość, praktykowana przez ludzi, których celem nie jest przyniesienie materialnych korzyści, lecz przypodobanie się Najwyższemu, ma charakter dobroci.

Tekst 18
Tłumaczenie:
O tych ostentacyjnych pokutach i surowcach, które są wykonywane w celu zdobycia szacunku, honoru i czci, mówi się, że są w trybie pasji. Nie są one ani stabilne, ani trwałe.

Tekst 19
Tłumaczenie:
A te pokuty i oszczędności, które są wykonywane głupio za pomocą uporczywych samokontroli, lub zniszczyć lub zranić innych, mówi się, że są w trybie ignorancji.

Tekst 20

Tłumaczenie:

Ten dar, który jest przekazywany z urzędu, we właściwym czasie i miejscu, osobie godnej i nie oczekującej powrotu, jest uważany za dobroczynność w sensie dobra.

Tekst 21

Tłumaczenie:

Ale miłość wykonywana z oczekiwaniem na jakiś powrót, lub z pragnieniem owocnych rezultatów, lub w żałosnym nastroju, jest podobno miłością w trybie pasji.

Tekst 22

Tłumaczenie:

A działalność charytatywna prowadzona w niewłaściwym miejscu i czasie oraz udzielana osobom niegodnym bez szacunku i z pogardą jest działalnością charytatywną w trybie niewiedzy.

Tekst 23

Tłumaczenie:

Od początku stworzenia, trzy sylaby - te, które siedziały na ziemi - były używane do wskazania Najwyższej Prawdy Absolutnej [Brahmana]. Były one wypowiadane przez braminów podczas śpiewania hymnów wedyjskich i podczas poświęceń, dla zadowolenia Najwyższego.

Tekst 24

Tłumaczenie:

W ten sposób transcendentaliści podejmują ofiary, organizacje charytatywne i pokutę, zaczynając zawsze od om, aby osiągnąć Najwyższego.

Tekst 25

Tłumaczenie:

Ofiarę, pokutę i miłość należy wykonywać słowem tat. Celem takich transcendentalnych działań jest uwolnienie się od materialnego splątania.

Teksty 26-27
Tłumaczenie:
Absolutna Prawda jest celem pobożnego poświęcenia, a wskazuje na to słowo "siedział". Te dzieła poświęcenia, pokuty i miłości, prawdziwe dla absolutnej natury, są wykonywane, aby zadowolić Najwyższą Osobę, syna Prtha.

Tekst 28
Tłumaczenie:
Ale poświęcenia, oszczędności i akcje charytatywne wykonywane bez wiary w Najwyższego są nietrwałe, O synu Prtha, niezależnie od tego, jakie obrzędy są wykonywane. Nazywa się je asat i są bezużyteczne zarówno w tym życiu, jak i w następnym.

Rozdział 18: Zakończenie - doskonałość wyrzeczenia się

Tekst 1
Tłumaczenie:
Arjuna powiedział: "O potężny, potężny, chcę zrozumieć cel wyrzeczenia się [tyaga] i wyrzeczonego porządku życia [sannyasa], O zabójcy demona Kesi, Hrsikesa.

Tekst 2
Tłumaczenie:
Najwyższy Pan powiedział: "Zrezygnować z wyników wszystkich działań jest nazywany wyrzeczeniem [tyaga] przez mądrych. I ten stan jest nazywany przez wielkich uczonych ludzi porządkiem życia [sannyasa].

Tekst 3
Tłumaczenie:
Niektórzy uczeni twierdzą, że należy zrezygnować z wszelkiego rodzaju owocnych działań, ale są jeszcze inni mędrcy, którzy utrzymują, że nigdy nie należy porzucać aktów poświęcenia, miłości i pokuty.

Tekst 4
Tłumaczenie:
O best of the Bharatas, hear from Me now about renciation. O tygrysie wśród ludzi, są trzy rodzaje wyrzeczeń zadeklarowanych w Piśmie Świętym.

Tekst 5
Tłumaczenie:
Akty poświęcenia, miłości i pokuty nie powinny być zaniechane, ale powinny być wykonywane. Rzeczywiście, ofiara, miłość i pokuta oczyszczają nawet wielkie dusze

Tekst 6

Tłumaczenie:

Wszystkie te działania powinny być wykonywane bez oczekiwania rezultatu. Powinny być wykonywane w ramach obowiązków, synu Prtha. To jest moja ostateczna opinia.

Tekst 7

Tłumaczenie:

Nigdy nie należy rezygnować z nakazanych obowiązków. Jeśli przez złudzenie rezygnuje się z przepisanych obowiązków, mówi się, że takie zrzeczenie się jest w trybie niewiedzy.

Tekst 8

Tłumaczenie:

Mówi się, że każdy, kto rezygnuje z nakazanych obowiązków jako kłopotliwy, lub ze strachu, jest w trybie pasji. Takie działanie nigdy nie prowadzi do podwyższenia wyrzeczenia.

Tekst 9

Tłumaczenie:

Ale ten, kto wykonuje swój przepisany obowiązek tylko dlatego, że powinien go wykonać, i wyrzeka się wszelkiego przywiązania do owocu - jego wyrzeczenie się jest natury dobra, O Arjunie.

Tekst 10

Tłumaczenie:

Ci, którzy są usytuowani w trybie dobroci, którzy nie nienawidzą nieszczęsnej pracy, ani nie są przywiązani do nieszczęsnej pracy, nie mają żadnych wątpliwości co do pracy.

Tekst 11

Tłumaczenie:

Rzeczywiście niemożliwe jest, aby istota wcielona zrezygnowała ze wszystkich działań. Dlatego mówi się, że ten, kto rezygnuje z owoców działania, jest tym, który naprawdę się wyrzekł.

Tekst 12
Tłumaczenie:
Dla kogoś, kto się nie wyrzeknie, potrójne owoce działania - niepożądane, niepożądane i mieszane - po śmierci. Ale ci, którzy są w wyrzeczonym porządku życia, nie mają takich wyników, aby cierpieć lub cieszyć się.

Teksty 13-14
Tłumaczenie:
O potężny Arjunie, naucz się ode mnie pięciu czynników, które prowadzą do osiągnięcia wszystkich działań. Są one deklarowane w filozofii sankhya jako miejsce akcji, wykonawca, zmysły, wysiłek, a ostatecznie Supersoula.

Tekst 15
Tłumaczenie:
Cokolwiek dobrego lub złego człowiek robi przez ciało, umysł lub mowę, jest spowodowane przez te pięć czynników.

Tekst 16
Tłumaczenie:
Dlatego ten, kto uważa się za jedynego wykonawcę, nie biorąc pod uwagę pięciu czynników, z pewnością nie jest zbyt inteligentny i nie widzi rzeczy takimi, jakimi są.

Tekst 17
Tłumaczenie:
Ten, kto nie jest motywowany przez fałszywe ego, którego inteligencja nie jest uwikłany, choć zabija ludzi na tym świecie, nie jest zabójcą. Nie jest też związany swoimi działaniami.

Tekst 18
Tłumaczenie:
Wiedza, przedmiot wiedzy i wiedza to trzy czynniki, które motywują do działania; zmysły, praca i wykonawca stanowią potrójną podstawę działania.

Tekst 19
Tłumaczenie:
Zgodnie z trzema trybami natury materialnej, istnieją trzy rodzaje wiedzy, działania i wykonawców działania. Słuchajcie, jak je opisuję

Tekst 20
Tłumaczenie:
Ta wiedza, dzięki której jedna niepodzielna duchowa natura jest postrzegana we wszystkich egzystencji, niepodzielna w podzielonych, jest wiedzą w sposobie dobra.

Tekst 21
Tłumaczenie:
Ta wiedza, dzięki której inny rodzaj żywej istoty jest postrzegany jako zamieszkujący w różnych ciałach, jest wiedzą w trybie pasji.

Tekst 22
Tłumaczenie:
I ta wiedza, przez którą jest się przywiązanym do jednego rodzaju pracy, jak wszystko w sumie, bez znajomości prawdy, a która jest bardzo uboga, jest podobno w trybie ciemności.

Tekst 23
Tłumaczenie:
Jeśli chodzi o czyny, to działanie zgodne z obowiązkiem, które jest wykonywane bez przywiązania, bez miłości i nienawiści, przez osobę, która wyrzekła się owocnych rezultatów, nazywane jest działaniem w trybie dobroci.

Tekst 24
Tłumaczenie:
Ale czynność wykonywana z wielkim wysiłkiem przez człowieka pragnącego zaspokoić swoje pragnienia, a realizowana z poczucia fałszywego ego, nazywana jest działaniem w trybie pasji.

Tekst 25
Tłumaczenie:
I że działanie wykonywane w niewiedzy i złudzeniu bez rozważenia przyszłej niewoli lub konsekwencji, które zadaje obrażenia i jest niepraktyczne, jest uważane za działanie w trybie niewiedzy.

Tekst 26
Tłumaczenie:
Pracownik, który jest wolny od wszelkich materialnych przywiązań i fałszywego ego, który jest entuzjastyczny i zdecydowany, który jest obojętny na sukces lub porażkę, jest pracownikiem w trybie dobroci.

Tekst 27
Tłumaczenie:
Ale ten robotnik, który jest przywiązany do owoców swojej pracy i który z pasją chce się nimi cieszyć, który jest chciwy, zazdrosny i nieczyste i poruszony szczęściem i cierpieniem, jest robotnikiem w trybie pasji.

Tekst 28
Tłumaczenie:
I ten robotnik, który zawsze pracuje wbrew nakazowi Pisma Świętego, który jest materialistyczny, uparty, oszukujący i biegły w obrażaniu innych, który jest leniwy, zawsze jęczący i zwlekający, jest robotnikiem w trybie ignorancji.

Tekst 29
Tłumaczenie:
Teraz, O zdobywco bogactwa, proszę posłuchać, jak szczegółowo mówię wam o trzech rodzajach zrozumienia i determinacji w zależności od trzech trybów natury.

Tekst 30
Tłumaczenie:
O synu Prtha, to zrozumienie, dzięki któremu wiadomo, co należy, a czego nie należy robić, czego należy się bać, a czego nie należy się bać, co jest wiążące, a co wyzwalające, to zrozumienie jest ustanowione w sposobie dobra.

Tekst 31
Tłumaczenie:
I to zrozumienie, które nie potrafi odróżnić religijnego sposobu życia od niereligijnego, od działania, które powinno być dokonane, od działania, które nie powinno być dokonane, to niedoskonałe zrozumienie, O synu Prtha, jest w trybie namiętności.
Tekst 32
Tłumaczenie:
To zrozumienie, które uważa się za religię, a religię za niereligijną, pod zaklęciem iluzji i ciemności, i dąży zawsze w złym kierunku, O Parcie, jest w trybie ignorancji.

Tekst 33
Tłumaczenie:
O synu Prthy, ta determinacja, która jest niezłomna, która jest podtrzymywana z wytrwałością przez praktykę jogi, a tym samym kontroluje umysł, życie i działanie zmysłów, jest w trybie dobroci.

Tekst 34
Tłumaczenie:
I ta determinacja, dzięki której trzymamy się owocnego rezultatu w religii, rozwoju gospodarczym i zaspokojeniu zmysłów, jest natury pasji, O Arjunie.

Tekst 35
Tłumaczenie:
I ta determinacja, która nie może wykraczać poza sen, strach, lament, marazm i iluzję - taka nieinteligentna determinacja jest w trybie ciemności.

Teksty 36-37
Tłumaczenie:
O najlepsze z Bharatów, teraz proszę usłyszysz ode mnie o trzech rodzajach szczęścia, jakim cieszy się uzdrowiona dusza, i przez które czasami przychodzi koniec wszelkiego cierpienia. To, co na początku może być jak trucizna, ale na końcu jest jak nektar i co budzi do samorealizacji, mówi się, że jest szczęściem w trybie dobroci.

Tekst 38
Tłumaczenie:
O tym szczęściu, które pochodzi z kontaktu zmysłów z ich przedmiotami i które na początku wydaje się być nektarem, a na końcu trucizną, mówi się, że ma ono charakter pasji.
Tekst 39
Tłumaczenie:
I mówi się, że szczęście, które jest ślepe na samorealizację, które jest złudzeniem od początku do końca i które wynika ze snu, lenistwa i iluzji, jest natury niewiedzy.

Tekst 40
Tłumaczenie:
Nie istnieje żadna istota, ani tu, ani wśród półbogów w wyższych układach planetarnych, która jest uwolniona od trzech rodzajów natury materialnej.

Tekst 41
Tłumaczenie:
Brahmany, ksatrije, wodorosty i sudry wyróżniają się cechami pracy, O chłostycielu wroga, zgodnie z trybem życia przyrody.

Tekst 42
Tłumaczenie:
Spokój, samokontrola, surowość, czystość, tolerancja, uczciwość, mądrość, wiedza i religijność - to są cechy, dzięki którym bramini pracują.

Tekst 43
Tłumaczenie:
Heroizm, siła, determinacja, zaradność, odwaga w walce, hojność i przywództwo to cechy pracy dla ksatrijów.

Tekst 44
Tłumaczenie:
Gospodarka rolna, hodowla bydła i działalność gospodarcza to cechy pracy dla vaisyas, a dla sudraków jest praca i służba dla innych.

Tekst 45
Tłumaczenie:
Podążając za jego cechami pracy, każdy człowiek może stać się doskonały. Teraz proszę mnie wysłuchać, jak można to zrobić.

Tekst 46
Tłumaczenie:
Poprzez uwielbienie Pana, który jest źródłem wszystkich istot i który jest wszechprzenikający, człowiek może, wykonując swoje własne obowiązki, osiągnąć doskonałość.

Tekst 47
Tłumaczenie:
Lepiej angażować się we własne zajęcie, nawet jeśli można je wykonywać niedoskonale, niż akceptować i wykonywać je doskonale. Nakazane obowiązki, zgodnie z własną naturą, nigdy nie są naruszane przez grzeszne reakcje.

Tekst 48
Tłumaczenie:
Każde przedsięwzięcie jest przykryte jakąś wadą, tak samo jak ogień jest przykryty dymem. Dlatego nie należy rezygnować z pracy, która zrodziła się z jego natury, O synu Kuntiego, nawet jeśli taka praca jest pełna winy.

Tekst 49
Tłumaczenie:
Rezultaty wyrzeczenia się można uzyskać po prostu przez samokontrolę i oderwanie się od rzeczy materialnych i lekceważenie materialnych przyjemności. To jest najwyższy, perfekcyjny etap wyrzeczenia się.

Tekst 50
Tłumaczenie:
O synu Kunti, naucz się ode mnie w skrócie, jak można osiągnąć najwyższy stopień doskonałości, Braminie, postępując w sposób, który teraz podsumuję.

Teksty 51-53

Tłumaczenie:

Będąc oczyszczonym przez swoją inteligencję i kontrolując umysł z determinacją, rezygnując z przedmiotów zaspokojenia zmysłów, będąc uwolnionym od przywiązania i nienawiści, człowiekiem, który żyje w ustronnym miejscu, który mało je i który kontroluje ciało i język, który jest zawsze w transie i jest oderwany, który jest bez fałszywego ego, fałszywej siły, fałszywej pychy, żądzy, gniewu, i który nie akceptuje rzeczy materialnych, taki człowiek jest na pewno wyniesiony do pozycji samorealizacji.

Tekst 54

Tłumaczenie:

Ten, kto jest w ten sposób transcendentalnie usytuowany od razu uświadamia sobie Najwyższego Brahmana. Nigdy nie lamentuje ani nie pragnie niczego mieć; jest jednakowo usposobiony do każdej żywej istoty. W tym stanie osiąga czystą pobożną służbę dla mnie.

Tekst 55

Tłumaczenie:

Można zrozumieć Najwyższą Osobowość tak, jak On jest tylko przez pobożną służbę. A kiedy ktoś jest w pełnej świadomości Najwyższego Pana przez takie oddanie, może wejść do królestwa Bożego.

Tekst 56

Tłumaczenie:

Chociaż zaangażowany we wszystkie rodzaje działalności, mój wielbiciel, pod moją opieką, dociera do wiecznego i nieusuwalnego miejsca zamieszkania przez moją łaskę.

Tekst 57

Tłumaczenie:

We wszystkich czynnościach polegają tylko na mnie i pracują zawsze pod moją opieką. W takiej pobożnej służbie, bądźcie w pełni świadomi mnie.

Tekst 58

Tłumaczenie:

Jeśli staniesz się świadomy Mnie, przejdziesz przez wszystkie przeszkody życia warunkowego z mojej łaski. Jeżeli, jakkolwiek, ty no pracujesz w taki świadomości ale działasz przez fałszywej jaźni, no słuchać mnie, ty gubisz.

Tekst 59

Tłumaczenie:

Jeśli nie będziecie postępować zgodnie z moim kierunkiem i nie będziecie walczyć, to będziecie fałszywie kierowani. Z twojej natury, będziesz musiał zaangażować się w działania wojenne.

Tekst 60

Tłumaczenie:

Pod złudzeniem odmawiasz teraz działania zgodnie z moim kierunkiem. Ale, zmuszony przez swoją własną naturę, będziesz działał tak samo, synu Kuntiego.

Tekst 61

Tłumaczenie:

Najwyższy Pan znajduje się w sercu każdego człowieka, O Arjunie, i kieruje wędrówkami wszystkich żywych istot, które siedzą jak na maszynie, zbudowanej z energii materialnej.

Tekst 62

Tłumaczenie:

O zrazy Bharata, poddajcie się Mu całkowicie. Dzięki Jego łasce osiągniecie transcendentny pokój i najwyższe i wieczne mieszkanie.

Tekst 63

Tłumaczenie:

Wyjaśniłem ci więc najbardziej poufny z całej wiedzy. Zastanówcie się nad tym w pełni, a potem róbcie, co chcecie.

Tekst 64
Tłumaczenie:
Ponieważ jesteś moim bardzo drogim przyjacielem, mówię do ciebie najbardziej poufną część wiedzy. Posłuchajcie tego ode mnie, bo to dla waszego dobra.

Tekst 65
Tłumaczenie:
Zawsze myśl o mnie i stań się moim wielbicielem. Czcij mnie i złóż mi swój hołd. Tak więc przyjdziesz do mnie bez przerwy. Obiecuję ci to, bo jesteś moim bardzo drogim przyjacielem.

Tekst 66
Tłumaczenie:
Porzućcie wszystkie odmiany religii i po prostu poddajcie się Mnie. Uwolnię cię od wszelkich grzesznych reakcji. Nie bój się.

Tekst 67
Tłumaczenie:
Ta poufna wiedza nie może być wyjaśniona tym, którzy nie są surowi, oddani lub zaangażowani w służbę pobożną, ani tym, którzy mi zazdroszczą.

Tekst 68
Tłumaczenie:
Dla tego, kto wyjaśnia wiernym najwyższą tajemnicę, nabożeństwo jest gwarantowane, a na koniec wróci do mnie.

Tekst 69
Tłumaczenie:
Żaden sługa na tym świecie nie jest mi droższy niż on, ani nigdy nie będzie ani jeden droższy.
Tekst 70
Tłumaczenie:
I oświadczam, że ten, kto studiuje tę świętą rozmowę, czci mnie przez swoją inteligencję.

Tekst 71
Tłumaczenie:
A ten, kto słucha z wiarą i bez zazdrości, staje się wolny od grzesznej reakcji i dociera do planet, gdzie mieszkają pobożni.

Tekst 72
Tłumaczenie:
O zdobywco bogactwa, Arjunie, słyszałeś to uważnie w myślach? I czy wasze złudzenia i ignorancja są teraz rozwiane?

Tekst 73
Tłumaczenie:
Arjuna powiedział, moja droga Krsna, O nieomylna, moja iluzja teraz odeszła. Odzyskałem moją pamięć dzięki Twojemu miłosierdziu i jestem teraz stanowczy i wolny od wątpliwości i jestem gotów działać zgodnie z Twoimi poleceniami.

Tekst 74
Tłumaczenie:
Sanjaya powiedział: Tak słyszałem rozmowę dwóch wielkich dusz, Krsny i Arjuna. I tak wspaniała jest ta wiadomość, że moje włosy stoją na końcu.

Tekst 75
Tłumaczenie:
Na łasce Vyasa słyszałem te najbardziej poufne rozmowy bezpośrednio od mistrza całej mistyki, Krsny, który osobiście rozmawiał z Arjuną.

Tekst 76
Tłumaczenie:
O Królu, jak wielokrotnie wspominam ten cudowny i święty dialog między Krsną i Arjuną, cieszę się, będąc podekscytowanym w każdej chwili...

Tekst 77
Tłumaczenie:
O Królu, kiedy wspominam wspaniałą formę Lorda Krsny, uderza mnie jeszcze większe zdziwienie i znów się cieszę.

Tekst 78

Tłumaczenie:

Gdziekolwiek jest Krsna, mistrz wszystkich mistyków, a gdziekolwiek jest Arjuna, najwyższy łucznik, tam też na pewno będzie bogactwo, zwycięstwo, niezwykła moc i moralność. Takie jest moje zdanie.

Podsumowanie

"Komentarz Swamiego Vivekananandy na temat Bhagavada Gity".

Swami Vivekananda, urodzony jako Narendra Nath Datta, był hinduskim mnichem i głównym uczniem XIX-wiecznej świętej Ramakrishny. Był kluczową postacią we wprowadzaniu indyjskich filozofii Vedanty i Jogi do świata zachodniego i przypisuje się mu podnoszenie świadomości międzywyznaniowej, dzięki czemu hinduizm osiągnął pod koniec XIX wieku status ważnej religii świata. Był on główną siłą w odrodzeniu hinduizmu w Indiach i przyczynił się do powstania koncepcji nacjonalizmu w Indiach kolonialnych. Vivekananda założyła Ramakrishna Math i Ramakrishna Mission. Być może najbardziej znany jest z inspirującego przemówienia, które rozpoczęło się od "Sióstr i braci Ameryki...", w którym wprowadził hinduizm w Parlamencie Religii Świata w Chicago w 1893 roku.

Jeśli kiedykolwiek czytaliście Bhagavad Gitę lub planujecie to zrobić, jestem pewien, że komentarz Swamiego Vivekananandy podniesie wasze uznanie i zrozumienie dla tej pięknej książki.

Róbcie dobrze, bo dobrze jest robić dobrze. Nie pytaj więcej." Swami Vivekananda, Wykłady o Bhagavadzie Gicie

"Umysł jest w swojej własnej naturze, gdy jest spokojny. W chwili, gdy będziesz mógł ją uspokoić, w tej chwili poznasz prawdę." Swami Vivekananda, Wykłady o Bhagavadzie Gicie
"Gdy cały świat się budzi, mędrzec śpi." Swami Vivekananda, Wykłady o Bhagavadzie Gicie
"Ale tam, gdzie ignoranci śpią, tam mędrzec nie śpi" Swami Vivekananda, Wykłady o Bhagavadzie Gicie

"Jak wszystkie rzeki świata stale wylewają swoje wody do oceanu, ale wielka, majestatyczna natura oceanu pozostaje niezakłócona i niezmieniona."
Swami Vivekananda, Wykłady o Bhagavadzie Gicie

"Wielcy ludzie myślą, a ty i ja myślimy. Ale jest różnica. My myślimy, a nasze ciała nie nadążają. Nasze działania nie współgrają z naszymi myślami. Nasze słowa nie mają mocy słów, które stają się Wedami. ... Cokolwiek, co ich zdaniem musi zostać osiągnięte. Jeśli mówią: "Ja to robię", to robi to ciało. Doskonałe posłuszeństwo. To koniec. Możesz myśleć o sobie Bóg w ciągu jednej minuty, ale nie możesz być Bogiem." Swami Vivekananda, Wykłady o Bhagavadzie Gicie
"Lepiej nie kochać, jeśli kochanie oznacza tylko nienawidzenie innych. To nie jest miłość. To jest piekło! Jeśli kochanie własnego ludu oznacza nienawidzenie wszystkich innych, to jest to kwintesencją egoizmu i brutalności, a efektem tego jest to, że uczyni cię brutalem. Dlatego lepiej umrzeć pracując nad własną religią naturalną, niż podążając za czyjąś religią naturalną, bez względu na to, jak wielka może ci się wydawać". Swami Vivekananda, Wykłady o Bhagavadzie Gicie
"Nigdy nie było czasu, kiedy nas nie było." Swami Vivekananda, Wykłady o Bhagavadzie Gicie

"Nigdy nie będzie czasu, kiedy nas nic będzie." Swami Vivekananda, Wykłady o Bhagavadzie Gicie
"Jesli staniecie na glowie, albo na jednej nodze, albo bedziecie czcic pięć tysiecy bogów z trzema glowami kazdego z nich - to zapraszam! ... Zrób to,

jak tylko możesz! Nikt nie ma prawa nic mówić. Dlatego Kryszna mówi, że jeśli twoja metoda jest lepsza i wyższa, nie masz nic przeciwko temu, aby powiedzieć, że metoda innego człowieka jest zła, niezależnie od tego, jak źle to odbierasz".
Swami Vivekananda, Wykłady o Bhagavadzie Gicie
"Jesteśmy jak gąsienica, która wyjmuje nić z jego własnego ciała i z tego czyni kokon, a oto on zostaje złapany."
Swami Vivekananda, Wykłady o Bhagavadzie Gicie
"Gita" to komentarz do Upanishadów. Upanishady są Biblią Indii."
Swami Vivekananda, Wykłady o Bhagavadzie Gicie
"Obudź się! Wstawaj i walcz! Zginiesz, jeśli będziesz musiał."
Swami Vivekananda, Wykłady o Bhagavadzie Gicie
"Później czytamy to, co mówi Kriszna: "Nawet ci, którzy czczą inne bóstwa, naprawdę mnie czczą" (uwaga 31). To Bóg wcielony, którego człowiek czci. Czy Bóg byłby zły, gdybyś nazwał go złym imieniem? On w ogóle nie byłby Bogiem! Czy nie rozumiecie, że cokolwiek człowiek ma we własnym sercu, jest Bogiem - nawet jeśli czci kamień? Co z tego! Zrozumiemy wyraźniej, jeśli kiedyś pozbędziemy się idei, że religia polega na doktrynach. Jedną z idei religii jest to, że cały świat narodził się, ponieważ Adam zjadł jabłko i nie ma drogi ucieczki. Wierzcie w Jezusa Chrystusa - w pewną śmierć człowieka! Ale w Indiach jest całkiem inny pomysł. Religia oznacza realizację, nic więcej. Nie ma znaczenia, czy podjeżdża się do celu w powozie z czterema końmi, w samochodzie elektrycznym, czy też toczy się po ziemi. Cel jest ten sam. Dla [chrześcijan] problemem jest to, jak uciec od gniewu strasznego Boga. Dla Indian jest to jak stać się tym kim naprawdę są, odzyskać utraconą samodzielność..."
Swami Vivekananda, Wykłady o Bhagavadzie Gicie
"Kto może pracować bez żadnego przywiązania? To jest prawdziwe pytanie."
Swami Vivekananda, Wykłady o Bhagavadzie Gicie
"Stój! Stój! Zobaczcie chwałę własnej duszy i zobaczcie, że będziecie musieli pracować." Swami Vivekananda, Wykłady o Bhagavadzie Gicie
"Możesz zapytać, "Kto napisał Wedy?" Nie zostały napisane. Słowa są Wedami. Słowo to Veda, jeśli mogę je wymówić prawidłowo. Wtedy natychmiast przyniesie to pożądany efekt."
Swami Vivekananda, Wykłady o Bhagavadzie Gicie

"Jeśli jest tu coś, czego nie ma w Wedach, to jest to twoje złudzenie. To nie istnieje."
Swami Vivekananda, Wykłady o Bhagavadzie Gicie

"On pracuje dla dobra pracy. "Praca dla dobra pracy". Kult w imię kultu."
Swami Vivekananda, Wykłady o Bhagavadzie Gicie

"Próbuje się usprawiedliwić, ale nie może oszukać Krishny."
Swami Vivekananda, Wykłady o Bhagavadzie Gicie
"Dla nas wszystkich na tym świecie życie jest nieustanną walką."
Swami Vivekananda, Wykłady o Bhagavadzie Gicie
"Jeśli człowiek, który może zadać cios, ma w tym zasługi."
Swami Vivekananda, Wykłady o Bhagavadzie Gicie
"więc mimo że wszystkie zmysły przynoszą doznania z natury, oceaniczne serce mędrca nie zna zakłóceń, nie zna strachu".
Swami Vivekananda, Wykłady o Bhagavadzie Gicie
"Niech nieszczęścia nadejdą w milionach rzek, a szczęście w setkach! Nie jestem niewolnikiem nędzy! Nie jestem niewolnikiem szczęścia!"
Swami Vivekananda, Wykłady o Bhagavadzie Gicie
"Arjuna pyta: "Kim jest osoba o ustalonej woli?"
Swami Vivekananda, Wykłady o Bhagavadzie Gicie
"Wstańcie i bądźcie silni! Bez obaw. Żadnych przesądów. Zmierz się z prawdą tak, jak jest!"
Swami Vivekananda, Wykłady o Bhagavadzie Gicie
"Jest tylko jeden grzech. To jest słabość."
Swami Vivekananda, Wykłady o Bhagavadzie Gicie
"Co to jest, że wiruje umysł? Wyobraźnia, aktywność twórcza. Przestań tworzyć i znasz prawdę. Cała moc tworzenia musi się skończyć, a wtedy od razu poznasz prawdę."
Swami Vivekananda, Wykłady o Bhagavadzie Gicie
"Weź Buddę. Główną ideą jest poświęcenie."
Swami Vivekananda, Wykłady o Bhagavadzie Gicie
"Znajdziesz w Krysznie, że brak przywiązania jest główną ideą."
Swami Vivekananda, Wykłady o Bhagavadzie Gicie

GITA I

Zrozumienie Gity wymaga jej historycznego tła. Gita jest komentarzem do Upanishadów. Upanishady to Biblia Indii. Zajmują one to samo miejsce co Nowy Testament. Istnieje [ponad] sto książek składających się na Upanishady, niektóre bardzo małe i niektóre duże, każda z nich jest osobnym traktatem. Upanishady nie ujawniają życia żadnego z nauczycieli, ale po prostu uczą zasad. Są to [niejako] skrótowe notatki spisane z dyskusji na [uczonych zgromadzeniach], na ogół na dworach królów. Słowo Upanishad może oznaczać "posiedzenia" [lub "posiedzenie w pobliżu nauczyciela"]. Ci z Was, którzy być może studiowali niektóre z Upanishadów, mogą zrozumieć, jak bardzo są to skondensowane skrótowce i szkice. Po długich dyskusjach zostały one zdjęte, być może z pamięci. Trudność polega na tym, że otrzymuje się bardzo mało tła. Wymienione są tam tylko punkty świetlne. Pochodzenie starożytnego sanskrytu sięga 5000 r. p.n.e.; Upanishady [są] co najmniej dwa tysiące lat wcześniej. Nikt nie wie, ile mają lat. Gita bierze pod uwagę idee Upanishadów, a w [niektórych] przypadkach same słowa. Są one połączone z ideą wydobycia w zwartej, skondensowanej i systematycznej formie całego tematu, którym zajmują się Upanishady.

[Oryginalne] pisma hinduistów są nazywane Wedy. Były one tak ogromne - masa pism - że gdyby przywieziono tu same teksty, w tej sali by ich nie było. Wiele z nich zaginęło. Podzielono je na gałęzie, każdą z nich wsadzono do głowy niektórych księży i podtrzymano przy życiu przez pamięć. Tacy ludzie nadal istnieją. Będą powtarzać książkę za książką Wedy, nie tracąc ani jednej intonacji. Większa część Vedów zniknęła. Niewielka część, która pozostała, sama tworzy całą bibliotekę. Najstarszy z nich zawiera hymny z Rig-Veda. Celem współczesnego badacza jest przywrócenie [sekwencji kompozycji wedyjskiej]. Stara, ortodoksyjna idea jest zupełnie inna, ponieważ twoja ortodoksyjna idea Biblii jest zupełnie inna niż współczesna. Wedy są podzielone na dwie części: jedna to Upaniszady, część filozoficzna, druga to część robocza.

Postaramy się dać trochę wyobrażenia o tej części pracy. Składa się z rytuałów i hymnów, różnych hymnów skierowanych do różnych bogów. Część rytualna składa się z ceremonii, niektóre z nich są bardzo rozbudowane. Potrzebnych jest bardzo wielu kapłanów. Funkcja kapłańska sama w sobie stała się nauką, dzięki opracowaniu ceremonii. Stopniowo wokół tych hymnów i rytuałów rosła popularna idea kultu. Bogowie zniknęli i na ich miejscu zostawiono rytuały. To był ciekawy rozwój wydarzeń w Indiach. Ortodoksyjni hindusi [Mimâmsaka] nie wierzą w bogów, nieortodoksyjni wierzą w nich. Jeśli zapytasz ortodoksyjnego hinduistę, jakie jest znaczenie tych bogów w Wedach, [nie będzie w stanie udzielić zadowalającej odpowiedzi]. Kapłani śpiewają te hymny i wlewają do ognia wyzwolenie i ofiarę. Kiedy pytasz ortodoksyjnego hinduistę o znaczenie tego, mówi, że słowa mają moc powodowania pewnych efektów. To wszystko. Istnieje cała naturalna i nadprzyrodzona moc, jaka kiedykolwiek istniała. Wedy są po prostu słowami, które mają mistyczną moc tworzenia efektów, jeśli intonacja dźwięku jest właściwa. Jeśli jeden dźwięk jest zły, to nie zrobi tego. Każdy z nich musi być doskonały. To, co w innych religiach nazywane jest modlitwą, zniknęło, a Wedy stały się bogami. Widzisz więc ogromne znaczenie, jakie przywiązywano do słów Wedy. Są to odwieczne słowa, z których powstał cały wszechświat. Nie może być mowy bez tego słowa. Tak więc cokolwiek jest na tym świecie, jest przejawem myśli, a myśl może przejawiać się tylko poprzez słowa. Ta masa słów, przez które przejawia się niewyjaśniona myśl, to jest to, co rozumie się przez Wedy. Wynika z tego, że zewnętrzne istnienie wszystkiego [zależy od Wedy, do myślenia] nie istnieje bez słowa. Jeśli słowo "koń" nie istniało, nikt nie mógł pomyśleć o koniu. Musi więc istnieć [intymna relacja pomiędzy] myślą, słowem i zewnętrznym przedmiotem. Co to za słowa? Vedas. Wcale nie nazywają tego językiem sanskryckim. To język Wedyjskiego, boski język. Sanskryt jest formą zdegenerowaną. Podobnie jak wszystkie inne języki. Nie ma języka starszego niż Vedic. Możesz zapytać: "Kto napisał Wedę?" Nie zostały napisane. To słowa Wedy. Słowo to Veda, jeśli mogę je wymówić prawidłowo. Wtedy natychmiast przyniesie to [pożądany] efekt.

Ta masa Wedy istnieje wiecznie i cały świat jest manifestacją tej masy słów. Potem, kiedy cykl się kończy, wszystkie te przejawy energii stają się coraz drobniejsze, stają się tylko słowami, a potem myślami. W następnym cyklu najpierw myśl zmienia się w słowa, a następnie z tych słów powstaje [cały wszechświat]. Jeśli jest tu coś, czego nie ma w Wedach, to jest to twoje złudzenie. To nie istnieje.

[Liczne] książki na ten temat tylko bronią Wedy. Jeśli powiesz [ich autorom], że Wedy musieli najpierw wymówić mężczyźni, [oni po prostu będą się śmiać]. Nigdy nie słyszałeś o żadnym. [człowiek wypowiadający je po raz pierwszy] Przyjmij słowa Buddy. Istnieje tradycja, że żył i mówił te słowa [wiele razy przedtem]. Jeśli chrześcijanin wstaje i mówi: "Moja religia jest religią historyczną i dlatego twoja jest zła, a nasza jest prawdziwa" [Mimamsaka odpowiada], "Twoja jest historyczna, wyznajesz, że człowiek wynalazł ją dziewiętnaście set lat temu. To, co jest prawdziwe, musi być nieskończone i wieczne. To jest jedyny test prawdy. Nigdy się nie rozkłada, zawsze jest taki sam. Przyznajesz, że twoja religia została stworzona przez takiego i takiego człowieka. Wedy nie były. Tylko nieskończone słowa, nieskończone z natury rzeczy, z których pochodzi i odchodzi cały wszechświat". W streszczeniu jest to całkowicie poprawne. Dźwięk musi być początkiem tworzenia. Brzmi jak plazma zarodkowa. Nie może być żadnych pomysłów bez tych słów. Wszędzie tam, gdzie są doznania, pomysły, emocje, muszą być słowa. Trudność polega na tym, że mówią, iż te cztery książki to Wedy i nic więcej. [Wtedy] Buddysta wstanie i powie: "Nasze są Wedy". Wyjawiono nam je później." To nie może być. Natura nie idzie w ten sposób. Natura nie przejawia swoich praw po trochu, cal po calu grawitacji dzisiaj i [kolejny cal] jutro. Nie, każde prawo jest kompletne. Nie ma żadnej ewolucji w prawie. Daje się go raz na zawsze. To wszystko to bzdury, ta "nowa religia i lepsza inspiracja" i to wszystko. To nic nie znaczy. Może być sto tysięcy praw, a człowiek może znać dziś tylko kilka. Odkrywamy je - to wszystko. Ci starzy kapłani z ich ogromne [roszczenia o wieczne słowa], po zdetronizowaniu bogów, zajął miejsce bogów. "Nie rozumiesz mocy słów. Wiemy, jak ich używać. Jesteśmy żywymi bogami świata. Zapłać nam, my będziemy manipulować słowami, a ty dostaniesz to, czego chcesz. Sama potrafisz wymówić te słowa? Nie możesz, bo jeden błąd przyniesie odwrotny skutek. Chcesz być bogata, przystojna, mieć długie życie, dobrego męża?" Tylko zapłać księdzu i zachowaj spokój!

Ale jest jeszcze inna strona. Ideał pierwszej części Wedy jest zupełnie inny niż ideał drugiej części, Upanishadów. Ideał pierwszej części jest zbieżny z ideałem wszystkich innych religii świata z wyjątkiem Vedanty. Ideałem jest radość tu i później - mężczyzna i żona, mąż i dzieci. Zapłaćcie swojego dolara, a ksiądz da wam certyfikat, a potem będziecie mieli szczęśliwy czas w niebie. Znajdziesz tam wszystkich swoich ludzi i będziesz miał tę karuzelę bez końca. Żadnych łez, żadnego płaczu - tylko śmiech. Nie ma bólu brzucha, ale mimo to jedzenie. Nie boli mnie głowa, ale jeszcze... To, uważane za księży, było najwyższym celem człowieka.

Jest jeszcze jeden pomysł w tej filozofii, który jest zgodny z twoimi nowoczesnymi pomysłami. Człowiek jest niewolnikiem natury, a niewolnikiem na zawsze musi pozostać. Nazywamy to Karma. Karma oznacza prawo, i ma zastosowanie wszędzie. Wszystko jest związane z Karmą. "Nie ma żadnego wyjścia?" "Nie! Zostańcie niewolnikami przez cały rok. Będziemy manipulować słowami tak, że będziesz miał tylko dobrą, a nie złą stronę wszystkiego, jeśli zapłacisz nam wystarczająco dużo". To był ideał [Mimamsakas]. Są to ideały, które są popularne na przestrzeni wieków. Ogromne masy ludzkości nigdy nie są myślicielami. Nawet jeśli próbują myśleć, to [efekt] ogromnej masy przesądów na nich jest straszny. W momencie osłabienia nadchodzi jeden cios, a kręgosłup rozpada się na dwadzieścia kawałków. Mogą być one poruszane tylko przez przynęty i groźby. Nigdy nie mogą poruszać się z własnej woli. Muszą być przestraszeni, przerażeni lub sterroryzowani, i są twoimi niewolnikami na zawsze. Nie mają nic innego do roboty, jak płacić i słuchać. Wszystko inne jest robione przez księdza. ... Jak bardzo łatwiejsza staje się religia! Widzisz, nie masz nic do roboty. Idź do domu i siedź cicho. Ktoś robi to wszystko dla ciebie. Biedne, biedne zwierzęta!

Obok siebie był ten drugi system. Upanishady są diametralnie przeciwne we wszystkich swoich wnioskach. Po pierwsze, Upanishady wierzą w Boga, stwórcę wszechświata, jego władcę. Znajdziesz później [ideę łagodnej Opatrzności]. To jest zupełnie odwrotne [koncepcja]. Teraz, chociaż słyszymy księdza, ideał jest dużo bardziej subtelny. Zamiast wielu bogów stworzyli jednego Boga.

Drugi pomysł, że wszyscy jesteście związani prawem Karmy, przyznają Upanishadowie, ale deklarują wyjście. Celem człowieka jest wyjście poza prawo. A radość nigdy nie może być celem, bo radość może być tylko w naturze.

Po trzecie, Upanishady potępiają wszystkie ofiary i mówią, że to mumia. To może dać wam wszystko, czego chcecie, ale nie jest to pożądane, bo im więcej dostaniecie, tym więcej będziecie chcieli, i będziecie biegać w kółko w kółko wiecznie, nigdy nie dochodząc do końca - ciesząc się i płacząc. Takie coś jak wieczne szczęście nie jest nigdzie możliwe. To tylko dziecięce marzenie. Ta sama energia staje się radością i smutkiem.

Zmieniłem dzisiaj trochę swoją psychologię. Znalazłem najbardziej ciekawy fakt. Masz pewien pomysł i nie chcesz go mieć, i myślisz o czymś innym, a pomysł, który chcesz stłumić jest całkowicie stłumiony. Co to za pomysł? Widziałem, jak wychodził za piętnaście minut. Wyszło i rozłożyło mnie w czasie. Była silna, i przyszła w tak gwałtowny i straszny sposób, że myślałem, że to szaleniec. A kiedy to się skończyło, wszystko, co się wydarzyło [było tłumieniem poprzednich emocji]. Co wyszło? To było moje własne złe wrażenie, które musiało zostać wypracowane. "Natura będzie miała swoją drogę. Co może zrobić tłumienie?" (Gita, III. 33.) to jest straszne [stwierdzenie] w Gicie. Wygląda na to, że to może być przecież daremna walka. Możesz mieć sto tysięcy [wezwań do rywalizacji] w tym samym czasie. Możecie ich uciszyć, ale w momencie, gdy sprężyna się odbije, cała sprawa jest znowu na miejscu.

[Ale jest nadzieja] Jeśli jesteście wystarczająco potężni, możecie podzielić swoją świadomość na dwadzieścia części jednocześnie. Zmieniam swoją psychologię. Umysł rośnie. Tak mówią Jogini. Jest jedna pasja i budzi kolejną, a pierwsza umiera. Jeśli jesteś zły, a potem szczęśliwy, w następnej chwili gniew odchodzi. Z tego gniewu stworzyłeś następny stan. Te stany są zawsze wymienne. Wieczne szczęście i nieszczęście to marzenie dziecka. Upanishady zwracają uwagę, że celem człowieka nie jest ani nędza, ani szczęście, ale musimy być panami tego, z czego są one produkowane. Musimy być panami sytuacji u jej źródeł, niejako u jej podstaw.

Inny punkt rozbieżności to: Upanishady potępiają wszystkie rytuały, zwłaszcza te, które wiążą się z zabijaniem zwierząt. Oni głoszą te wszystkie bzdury. Jedna ze szkół starych filozofów mówi, że trzeba zabić takie zwierzę w określonym czasie, aby uzyskać efekt. [Możesz odpowiedzieć], "Ale jest też grzech odebrania życia zwierzęcia; będziesz musiał za to cierpieć". Mówią, że to wszystko bzdury. Skąd wiesz, co jest dobre, a co złe? Twój umysł tak mówi? Kogo obchodzi, co mówi twój umysł? O czym ty mówisz? Ustawiasz swój umysł przeciwko pismom świętym. Jeśli twój umysł coś mówi, a Wedy mówią coś innego, zatrzymaj swój umysł i wierz w Wedy. Jeśli mówią, że zabicie człowieka jest słuszne, to jest słuszne. Jeśli powiesz: "Nie, moje sumienie mówi [inaczej], nie zrobi tego". W chwili, gdy wierzysz w jakąkolwiek książkę jako wieczne słowo, jako święte, nie możesz już kwestionować. Nie widzę, jak wy ludzie tutaj wierzyliście w Biblię, kiedy mówiliście o niej: "Jak cudowne są te słowa, jak słuszne i jak dobre!" Bo jeśli wierzysz w Biblię jako słowo Boże, nie masz żadnego prawa sądzić. W chwili, gdy osądzasz, myślisz, że jesteś wyższy niż Biblia. Jaki jest dla ciebie pożytek z Biblii? Kapłani mówią: "Odmawiamy porównania z waszą Biblią lub z czyjąkolwiek inną. To nie ma sensu porównywać, bo - jaki jest autorytet? Na tym się kończy. Jeśli myślisz, że coś jest nie w porządku, idź i załatw to zgodnie z Wedami."

Upanishady w to wierzą, [ale mają też wyższy standard]. Z jednej strony nie chcą obalić Wedy, a z drugiej strony widzą te zwierzęce ofiary i kapłanów kradnących wszystkim pieniądze. Ale w psychologii wszyscy są tacy sami. Wszystkie te różnice były w filozofii, [w odniesieniu do] natury duszy. Czy to jest ciało i umysł? A czy umysł to tylko wiązka nerwów, nerwów motorycznych i zmysłowych? Psychologia, którą wszyscy uważają za oczywistość, jest idealną nauką. Tam nie może być żadnej różnicy. Cała ta walka dotyczyła filozofii - natury duszy i Boga, i tego wszystkiego.

Potem kolejna wielka różnica między kapłanami a Upanishadami. Upanishadowie mówią, wyrzec się. To jest test wszystkiego. Wyrzeknij się wszystkiego. To kreatywny wydział, który wprowadza nas w to całe splątanie. Umysł jest w swojej własnej naturze, gdy jest spokojny. Chwila, w której możesz go uspokoić, ta chwila, w której poznasz prawdę. Co to jest, że wiruje umysł? Wyobraźnia, aktywność twórcza. Przestań tworzyć i znasz prawdę. Cała moc tworzenia musi się skończyć, a wtedy od razu poznasz prawdę.

Z drugiej strony, wszyscy kapłani są za [stworzeniem]. Wyobraźcie sobie gatunek życia [w którym nie ma działalności twórczej. To jest nie do pomyślenia]. Ludzie musieli mieć plan [ewolucji stabilnego społeczeństwa]. Przyjęto system sztywnej selekcji. Na przykład] żadne osoby, które są niewidome i zatrzymane, nie mogą się pobrać. [W rezultacie] znajdziesz o wiele mniej deformacji [w Indiach] niż w jakimkolwiek innym kraju na świecie. Epileptycy i obłąkani [ludzie] są bardzo rzadcy [tam]. Wynika to z bezpośredniej selekcji. Kapłani mówią: "Niech staną się Sannyâsins". Z drugiej strony, Upanishady mówią: "O nie, najlepsze i najświeższe kwiaty na ziemi powinny być złożone na ołtarzu". Silni, młodzi, ze zdrowym intelektem i zdrowym ciałem - muszą walczyć o prawdę."

Przy tych wszystkich rozbieżnościach zdań mówiłem wam, że kapłani już się wyróżnili w osobnej kastie. Druga to kasta królów. ... Cała filozofia Upaniszady jest z mózgów królów, nie księży. Tam [prowadzi] walkę ekonomiczną przez każdą walkę religijną. To zwierzę zwane człowiekiem ma pewne wpływy religijne, ale kieruje się ekonomią. Jednostki kierują się czymś innym, ale masa ludzka nigdy nie wykonała ruchu, chyba że chodziło o gospodarkę. Możesz [głosić religię, która może nie być doskonała w każdym szczególe], ale jeśli istnieje ekonomiczne podłoże [do niego] i masz najwięcej [żarliwych mistrzów], aby ją głosić, możesz przekonać cały kraj. ...

Zawsze, gdy jakaś religia odnosi sukces, musi mieć wartość ekonomiczną. Tysiące podobnych sekt będzie walczyć o władzę, ale tylko ci, którzy napotkają na prawdziwy problem gospodarczy, będą ją mieli. Człowiek jest prowadzony przez żołądek. On idzie, a żołądek idzie pierwszy, a głowa po nim. Nie widziałeś tego? Potrzeba będzie wieków, żeby głowa poszła pierwsza. Kiedy mężczyzna ma sześćdziesiąt lat, jest wzywany z [świata]. Całe życie to jedno złudzenie, a gdy tylko zaczniesz widzieć rzeczy takimi, jakimi są, zostaniesz porwany. Tak długo, jak żołądek szedł pierwszy, wszystko było w porządku. Kiedy marzenia dzieci zaczynają znikać, a ty zaczynasz patrzeć na rzeczy tak, jak są, głowa idzie. Tylko wtedy, gdy głowa idzie pierwsza, [wychodzisz]

Spopularyzowanie religii Upanishadów było trudnym zadaniem. Jest tam bardzo mało gospodarki, ale ogromny altruizm

Upanishady miały bardzo małe królestwo, chociaż zostały odkryte przez królów, którzy trzymali w swoich rękach całą władzę królewską. Więc walka zaczęła być ostrzejsza. Jego punkt kulminacyjny nastąpił dwa tysiące lat później, w buddyzmie. Ziarno buddyzmu jest tutaj, [w] zwykłej walce między królem a kapłanem; i [w walce] wszystkie religie upadły. Jeden chciał poświęcić religię, drugi chciał przylgnąć do ofiar, do wedyjskich bogów, itp. Buddyzm zerwał łańcuchy mas. Wszystkie kasty i wyznania stały się takie same w ciągu minuty. Tak więc wielkie idee religijne w Indiach istnieją, ale nie są jeszcze głoszone: w przeciwnym razie nie czynią nic dobrego.

W każdym kraju to ksiądz jest konserwatywny, z dwóch powodów, ponieważ jest to jego chleb i ponieważ może poruszać się tylko z ludźmi. Wszyscy księża nie są silni. Jeśli ludzie powiedzą: "Głosić dwa tysiące bogów", zrobią to kapłani. Są oni sługami zgromadzenia, którzy im płacą. Bóg im nie płaci. Więc zrzućcie winę na siebie, zanim obwinicie księży. Możesz dostać tylko rząd i religię i kapłaństwo, na które zasługujesz, i nie lepiej.

Tak więc wielka walka rozpoczęła się w Indiach i dochodzi do jednego z jej punktów kulminacyjnych w Gicie. Kiedy wzbudzało to strach, że wszystkie Indie zostaną rozbite między dwoma... [grupami], podniósł się ten człowiek Krishna, a w Gicie próbuje pogodzić ceremonię z filozofią kapłanów i ludzi. Kryszna jest kochana i czczona w taki sam sposób, jak ty Chrystus. Różnica jest tylko w wieku. Hindusi zachowują urodziny Kryszny tak jak i Chrystusa. Kryszna żył pięć tysięcy lat temu i jego życie jest pełne cudów, niektóre z nich są bardzo podobne do tych w życiu Chrystusa. Dziecko urodziło się w więzieniu. Ojciec zabrał go i wsadził z pasterzami. Wszystkie dzieci urodzone w tym roku kazano zabić. ... Został zabity, taki był jego los.

Krishna była żonatym mężczyzną. Są o nim tysiące książek. Nie interesują mnie zbytnio. Hinduiści są świetni w opowiadaniu historii, widzisz. Jeśli] chrześcijańscy misjonarze opowiedzą jedną historię ze swojej Biblii, hindusi wyprodukują dwadzieścia historii. Mówisz, że wieloryb połknął Jonasza, a Hindusi, że ktoś połknął słonia. ... Od dziecka słyszałem o życiu Kryszny. Rozumiem, że to oczywiste, że musiał być człowiek o imieniu Kryszna, a jego Gita pokazuje, że ma wspaniałą książkę. Mówiłem ci, możesz zrozumieć charakter człowieka, analizując bajki o nim. Bajki mają charakter [dekoracji]. Musisz stwierdzić, że wszystkie są wypolerowane i manipulowane, aby pasowały do postaci. Na przykład, weź Buddę. Centralną ideą jest poświęcenie. Są tysiące folkloru, ale w każdym przypadku ofiara musiała być podtrzymywana. Są tysiące historii o Lincolnie, o pewnych cechach tego wielkiego człowieka. Bierzesz wszystkie bajki i znajdujesz ogólną ideę i [wiesz], że to był główny charakter człowieka. W Krysznie widać, że brak przywiązania jest główną ideą. On niczego nie potrzebuje. On niczego nie chce. On pracuje dla dobra pracy. "Praca dla dobra pracy". Kult dla kultu. Róbcie dobrze, bo dobrze jest robić dobrze. Nie pytaj więcej." Taki musiał być charakter tego człowieka. Inaczej bajki te nie mogłyby zostać sprowadzone do jedynego pomysłu na niepołączenie. Gita nie jest jego jedynym kazaniem.

To najbardziej zaokrąglony człowiek, jakiego znam, cudownie rozwinięty zarówno w mózgu, jak i sercu i dłoni. Kazda jego chwila jest zywa z czynnoscia, albo jako dżentelmen, wojownik, minister, albo cos innego. Wielki jak dżentelmen, jak uczony, jak poeta. Ta wszechstronna i wspaniała aktywność oraz połączenie mózgu i serca, które widzisz w Gicie i innych książkach. Najwspanialsze serce, wykwintny język, i nic nie może się do niego nigdzie zbliżyć. Ta ogromna aktywność człowieka - wrażenie jest wciąż obecne. Minęło pięć tysięcy lat, a on miał wpływ na miliony. Pomyślcie tylko, jaki wpływ ten człowiek ma na cały świat, czy o tym wiecie, czy nie. Szanuję go za jego doskonałą zdrowy rozsądek. Żadnych pajęczyn w tym mózgu, żadnych przesądów. On zna się na używaniu wszystkiego, a kiedy trzeba [przypisać miejsce każdemu], on tam jest. Ci, którzy mówią, chodzą wszędzie, pytają o tajemnicę Wedy itd., nie znają prawdy. Nie są lepsze od oszustw. W Wedach jest miejsce na zabobony, na ignorancję. Cały sekret polega na znalezieniu odpowiedniego miejsca na wszystko.

A potem to serce! Jest on pierwszym człowiekiem, który na długo przed Buddą otworzył drzwi religii dla każdej kasty. Ten wspaniały umysł! To niesamowicie aktywne życie! Działalność Buddy była w jednym samolocie, samolocie nauczania. Nie mógł zatrzymać żony i dziecka i zostać nauczycielem w tym samym czasie. Kryszna głosił kazania w samym środku pola walki. "Ten, kto pośród intensywnej aktywności znajduje się w największym spokoju i w największym pokoju, znajduje intensywną aktywność, która jest największa [Jogin, jak i najmądrzejszy człowiek]". (tamże. IV. 18.) To nic nie znaczy dla tego człowieka - latanie o nim rakietami. Uspokój się i uspokój, dalej dyskutuje o problemach życia i śmierci. Każdy z proroków jest najlepszym komentarzem do własnego nauczania. Jeśli chcesz wiedzieć, co oznacza doktryna Nowego Testamentu, udajesz się do pana So-and-so. Czytajcie raz po raz [te cztery

Ewangelie i starajcie się zrozumieć ich znaczenie w świetle cudownego życia Mistrza, które zostało tam przedstawione]. Wielcy ludzie myślą, a ty i ja myślimy. Ale jest różnica. My myślimy, a nasze ciała nie nadążają. Nasze działania nie współgrają z naszymi myślami. Nasze słowa nie mają mocy słów, które stają się Wedami. Cokolwiek, co ich zdaniem musi zostać osiągnięte. Jeśli mówią: "Ja to robię", to robi to ciało. Doskonałe posłuszeństwo. To koniec. Możesz myśleć o sobie Bóg w ciągu jednej minuty, ale nie możesz być [Bogiem]. To jest trudność. Stają się tym, co myślą. Staniemy się [tylko] o [stopnie]

Widzisz, to było o Krishnie i jego czasach. W następnym wykładzie dowiemy się więcej o jego książce.

GITA II

Gitâ wymaga małego wstępnego wprowadzenia. Scena jest położona na polu bitwy Kurukshetra. Około pięć tysięcy lat temu istniały dwie gałęzie tej samej rasy walczące o imperium Indii. Pândavas miał prawo, ale Kauravas miał siłę. Pandavowie byli pięcioma braćmi, a oni mieszkali w lesie. Krishna był przyjacielem Pandavów. Kauravowie nie przyznaliby im tyle ziemi, ile pokryliby punkt igły.

Sceną otwarcia jest pole bitwy, a obie strony widzą swoich krewnych i przyjaciół - jednego brata po jednej stronie i drugiego po drugiej; dziadka po jednej stronie, wnuka po drugiej stronie. ... Kiedy Arjuna widzi swoich przyjaciół i krewnych po drugiej stronie i wie, że być może będzie musiał ich zabić, jego serce ustępuje i mówi, że nie będzie walczył. Tak zaczyna się Gita.

Dla nas wszystkich na tym świecie życie jest nieustanną walką. Wiele razy przychodzi czas, gdy chcemy interpretować naszą słabość i tchórzostwo jako przebaczenie i wyrzeczenie. Nie ma żadnej zasługi w wyrzeczeniu się żebraka. Jeśli człowiek, który może [zadać cios] przoduje, to jest w tym zasługa. Jeśli ktoś, kto ma, poddaje się, ma w tym zasługi. Wiemy, jak często w naszym życiu poprzez lenistwo i tchórzostwo rezygnujemy z walki i staramy się zahipnotyzować nasze umysły w przekonaniu, że jesteśmy odważni.

Gita otwiera ten bardzo znaczący werset: "Wstań, O Książę! Oddajcie tę słabość, tę słabość! Wstawaj i walcz!" (Gita, II. 3.) Następnie Arjuna, próbując spierać się w tej sprawie [z Kryszną], wnosi wyższe idee moralne, jak brak oporu jest lepszy niż opór, i tak dalej. Próbuje się usprawiedliwić, ale nie może oszukać Krishny. Kryszna jest wyższym Ja, czyli Bogiem. Od razu widzi kłótnię. W tym przypadku [motywem] jest słabość. Arjuna widzi swoich własnych krewnych i nie może ich uderzyć. ...

W sercu Arjuna istnieje konflikt pomiędzy jego emocjonalizmem a obowiązkiem. Im bliżej jesteśmy do [bestii i] ptaków, tym bardziej jesteśmy w piekle emocji. Nazywamy to miłością. To jest auto-hipnotyzacja. Jesteśmy pod kontrolą naszych [emocji] jak zwierzęta. Krowa może poświęcić swoje życie za swoje młode. Każde zwierzę może. Co z tego? To nie ślepa, ptasia emocja prowadzi do doskonałości. ...dotrzeć do wiecznej świadomości, to jest cel człowieka! Nie ma tam miejsca na emocje, na sentymentalizm, na nic, co należy do zmysłów - tylko na światło czystego rozumu. Człowiek stoi jak duch.

Teraz, Arjuna jest pod kontrolą tego emocjonalizmu. On nie jest tym, kim powinien być - wielkim samokontrolującym się, oświeconym mędrcem, działającym przez wieczne światło rozumu. Stał się jak zwierzę, jak dziecko, po prostu pozwalając sercu udźwignąć swój mózg, robiąc z siebie głupca i próbując przykryć swoją słabość kwiecistymi nazwami "miłość" i tak dalej. Krishna to widzi. Arjuna mówi jak człowiek mało uczący się i przynosi wiele powodów, ale jednocześnie mówi językiem głupca.

"Mędrzec nie żałuje za tych, którzy żyją, ani za tych, którzy umierają." (tamże. 11.) [Krishna mówi:] "Ty nie możesz umrzeć, ja nie mogę. Nigdy nie było czasu, kiedy nas nie było. Nigdy nie będzie czasu, kiedy nas nie będzie. Jak w tym życiu człowiek zaczyna od dzieciństwa i [przechodzi przez młodość i starość, więc w chwili śmierci przechodzi tylko do innego rodzaju ciała]. Dlaczego mądry człowiek miałby przepraszać?" A gdzie jest początek tego emocjonalizmu, który cię trzyma? To jest w zmysłach. "To dotyk zmysłów przynosi całą tę jakość istnienia: ciepło i zimno, przyjemność i ból. Oni przychodzą i odchodzą." Człowiek jest nieszczęśliwy w tej chwili, szczęśliwy w następnej. Jako taki nie może on doświadczyć natury duszy. ...

"Istnienie nigdy nie może być nieistnieniem, ani nigdy nie może stać się nieistnieniem. ... Wiedzcie więc, że to co przenika cały ten wszechświat jest bez początku i końca. Jest niezmienny. Nie ma nic we wszechświecie, co mogłoby zmienić [Bez Przemiany]. Chociaż to ciało ma swój początek i koniec, mieszkaniec w ciele jest nieskończony i bez końca." (Ibid. 16-18.)

Wiedząc o tym, wstawaj i walcz! Ani kroku wstecz, taki jest pomysł. Walczcie z tym, cokolwiek się stanie. Niech gwiazdy ruszą się z kuli! Niech cały świat stanie przeciwko nam! Śmierć oznacza tylko zmianę ubrania. Co z tego? Więc walczcie! Nic nie zyskasz, stając się tchórzem. Robiąc krok do tyłu, nie unikasz żadnego nieszczęścia. Płakałeś do wszystkich bogów na świecie. Czy nędza ustała? Masy w Indiach płaczą do sześćdziesięciu milionów bogów, a wciąż umierają jak psy. Gdzie są ci bogowie? Bogowie przychodzą ci pomóc, gdy ci się uda. Więc jaki jest tego pożytek? Giń. To zginanie kolana do przesądów, to sprzedawanie siebie do własnego umysłu nie przystoi tobie, moja dusza. Jesteś nieskończony, nieśmiertelny i nienarodzony. Ponieważ jesteś nieskończonym duchem, nie przystoi ci być niewolnikiem. Wstań! Obudź się! Wstawaj i walcz! Zginiesz, jeśli będziesz musiał. Nie ma nikogo, kto mógłby ci pomóc. Jesteś całym światem. Kto może ci pomóc?

"Istoty są nieznane naszym ludzkim zmysłom przed narodzeniem i po śmierci. Dopiero w międzyczasie są one widoczne. O co chodzi z tym żalem? (Ibid. 28.)

"Niektórzy patrzą na niego z podziwem. Niektórzy mówią, że to wspaniałe. Inni słyszą o nim tak samo cudownie. Inni, słysząc o tym, nie rozumieją." (Ibid. 29.)

Ale jeśli mówisz, że zabijanie tych wszystkich ludzi jest grzeszne, to rozważ to z punktu widzenia twojej własnej kasty - obowiązku. ... "Sprawiając przyjemność i nędzę tym samym, czyniąc sukces i porażkę tym samym, czy wstajesz i walczysz. (Ibid. 38.)

Jest to początek kolejnej osobliwej doktryny Gity - doktryny nieprzyłączania się. To znaczy, że musimy ponosić skutki naszych własnych działań, ponieważ przywiązujemy się do nich. ... "Tylko to, co jest robione jako obowiązek ze względu na obowiązek... może rozproszyć niewolę Karmy." Nie ma niebezpieczeństwa, że możesz to przesadzić. ...

"Jeśli zrobisz choć trochę tego, [ta joga uratuje cię od straszliwej rundy narodzin i śmierci]". (Ibid. 40.)

"Wiesz, Arjuna, umysł, który odnosi sukces, to umysł skoncentrowany. Umysły, które są zajęte przez dwa tysiące podmiotów (mają) rozproszone energie. Niektórzy potrafią mówić kwiecistym językiem i myślą, że nie ma nic poza Wedami. Oni chcą iść do nieba. Chcą dobrych rzeczy dzięki mocy Wedy, więc składają ofiary." Tacy nigdy nie osiągną żadnego sukcesu [w życiu duchowym], chyba że zrezygnują z tych wszystkich materialistycznych idei. (Ibid. 44.)

To kolejna wielka lekcja. Duchowość nie może być nigdy osiągnięta, jeśli nie zostaną porzucone wszystkie materialne idee. ... Co jest w zmysłach? Wszystkie zmysły to urojenia. Ludzie chcą je zachować nawet po śmierci - para oczu, nos. Niektórzy wyobrażają sobie, że będą mieli więcej organów niż teraz. Chcą widzieć Boga siedzącego na tronie przez całą wieczność - materialne ciało Boga. ... Takie męskie pragnienia są dla ciała, dla jedzenia, picia i przyjemności. To jest materialistyczne życie przedłużone. Człowiek nie może myśleć o niczym poza tym życiem. To życie jest wszystkim dla ciała. "Taki człowiek nigdy nie dojdzie do takiej koncentracji, która prowadzi do wolności." (Ibid. 44.)

"Wedy uczą tylko rzeczy należących do trzech pistoletów, do Sattwy, Rajasa i Tamas." Wedy uczą tylko o rzeczach w naturze. Ludzie nie mogą myśleć o niczym, czego nie widzą na ziemi. Jeśli mówią o niebie, to myślą o królu siedzącym na tronie, o ludziach palących kadzidło. To cała natura, nic poza naturą. Dlatego Wedy nie uczą niczego poza naturą. "Wyjdź poza naturę, poza dualności istnienia, poza własną świadomość, nie troszcząc się o nic, ani o dobro, ani o zło". (Ibid. 45.)

Utożsamiliśmy się z naszymi ciałami. Jesteśmy tylko ciałem, a raczej opętanym ciałem. Jeśli jestem uszczypnięta, to płaczę. To wszystko to bzdury, bo jestem duszą. Cały ten łańcuch nieszczęść, wyobraźnia, zwierzęta, bogowie i demony, wszystko, cały świat to wszystko pochodzi z utożsamienia się z ciałem. Jestem duchem. Po co mam skakać, jeśli mnie uszczypniesz? ... Spójrzcie na jego niewolnictwo. Nie wstydzisz się? Jesteśmy religijni! Jesteśmy filozofami! Jesteśmy mędrcami! Niech nas

Pan błogosławi! Czym my jesteśmy? Życie w piekle, to jest to, czym jesteśmy. Lunatycy, oto czym jesteśmy!

Nie mozemy zrezygnowac z idei ciala. Jesteśmy związani z ziemią. ... Nasze pomysły to miejsce pochówku. Kiedy opuszczamy ciało, jesteśmy związani tysiącami elementów z tymi [ideami].

Kto może pracować bez żadnego przywiązania? To jest prawdziwe pytanie. Taki człowiek jest taki sam bez względu na to, czy jego praca się powiedzie, czy nie. Jego serce nie daje jednego fałszywego uderzenia, nawet jeśli cała jego praca życiowa w jednej chwili spali się na popiół. "To jest mędrzec, który zawsze pracuje dla dobra pracy, nie dbając o wyniki. W ten sposób wykracza on poza ból narodzin i śmierci. W ten sposób staje się wolny." Potem widzi, że to przywiązanie jest tylko złudzeniem. Ja nigdy nie mogę być przywiązany. ... Potem wykracza poza wszystkie pisma święte i filozofie. (tamże. 52.) Jeśli umysł jest zwodzony i wciągany w wir przez książki i pisma święte, jakie jest dobro tych wszystkich pism? Jeden mówi to, drugi tamto. Jaką książkę weźmiesz? Stój! Stój! Zobaczcie chwałę własnej duszy, i zobaczcie, że będziecie musieli pracować. Wtedy staniesz się człowiekiem o silnej woli. (Ibid. 53.)

Arjuna pyta: "Kim jest osoba o ustalonej woli?" (Ibid. 54.)

"Człowiek, który porzucił wszystkie pragnienia, który nie pragnie niczego, nawet tego życia, ani wolności, ani bogów, ani pracy, ani niczego. Kiedy stanie się całkowicie usatysfakcjonowany, nie będzie miał już żadnych pragnień." (tamże. 55.) Zobaczył chwałę Ja i odkrył, że świat, bogowie i niebo są... w jego własnym Ja. Wtedy bogowie nie stają się bogami; śmierć nie staje się śmiercią; życie nie staje się życiem. Wszystko się zmieniło. "Mówi się, że człowiek jest [oświecony], jeśli jego wola stała się twarda, jeśli jego umysł nie jest zakłócany przez nędzę, jeśli nie pragnie szczęścia, jeśli jest wolny od wszelkiej [przywiązania], od wszelkiego strachu, od wszelkiego gniewu. (tamże. 56.) ...

"Jak żółw może wciągnąć w nogi, a jeśli go uderzysz, nie wyjdzie żadna stopa, nawet mędrzec może wciągnąć do środka wszystkie swoje zmysły-organy," (tamże. 58.) i nic nie może ich zmusić. Nic nie może nim wstrząsnąć, żadna pokusa ani nic. Niechaj wszechświat się o niego zatrzęsie, nie robi mu to ani jednego machnięcia w głowie.

Następnie pojawia się bardzo ważne pytanie. Czasami ludzie poszczą przez kilka dni. ... Kiedy najgorszy człowiek pościł przez dwadzieścia dni, staje się dość łagodny. Poszczenie i torturowanie się było praktykowane przez ludzi na całym świecie. Pomysł Krishny jest taki, że to wszystko bzdury. Mówi, że zmysły na razie ustąpią człowiekowi, który się torturuje, ale wyłoni się ponownie z dwudziestokrotnie większą [mocą]. ... Co powinieneś zrobić? Idea ma być naturalna - nie asceza. Dalej, pracuj, tylko pamiętaj, że nie jesteś przywiązany. Wola nigdy nie może być mocno utrwalona w człowieku, który nie nauczył się i nie praktykował tajemnicy niedołączenia.

Wychodzę i otwieram oczy. Jeśli coś tam jest, muszę to zobaczyć. Nic na to nie poradzę. Umysł biegnie za zmysłami. Teraz zmysły muszą zrezygnować z wszelkiej reakcji na naturę.

"Tam, gdzie jest ciemna noc dla świata [sensownego], samokontrola [człowieka] jest obudzona. To dla niego światło dzienne. ... A tam, gdzie świat się budzi, mędrzec śpi." (Tamże. 69.) Gdzie świat się obudził? W zmysłach. Ludzie chcą jeść, pić i mieć dzieci, a potem umierają śmiercią psa. ... Zawsze są obudzone dla zmysłów. Nawet ich religia jest właśnie po to. Wymyślają Boga, aby im pomóc, aby dać im więcej kobiet, więcej pieniędzy, więcej dzieci - nigdy Boga, aby pomóc im stać się bardziej boskimi! "Gdy cały świat się budzi, mędrzec śpi. Ale tam, gdzie nieświadomi śpią, tam mędrzec się budzi" (tamże, 69.) - w świecie światła, gdzie człowiek nie patrzy na siebie jak na ptaka, nie jak na zwierzę, nie jak na ciało, ale jak na nieskończonego ducha, bez śmierci, nieśmiertelnego. Tam, gdzie ignoranci śpią i nie mają czasu, ani intelektu, ani władzy do zrozumienia, tam mędrzec się budzi. To jest dla niego dzień.

"Jak wszystkie rzeki świata nieustannie wylewają swoje wody do oceanu, ale wielka, majestatyczna natura oceanu pozostaje niezakłócona i niezmieniona, więc mimo że wszystkie zmysły przynoszą doznania z natury, serce mędrca jak ocean nie zna zakłóceń, nie zna strachu." (tamże. 70.) Niech nieszczęścia nadejdą w milionach rzek, a szczęście w setkach! Nie jestem niewolnikiem nędzy! Nie jestem niewolnikiem szczęścia!

GITA III

Arjuna pyta: "Właśnie doradzałeś działanie, a jednak podtrzymujesz wiedzę o Brahmanie jako najwyższej formie życia. Krishna, jeżeli uważasz, że wiedza jest lepsza niż działanie, to dlaczego każesz mi działać?" (Gita III. 1.)

[Shri Krishna] "Od czasów starożytnych te dwa systemy sprowadzały się do nas. Filozofowie z Sânkhya rozwijają teorię wiedzy. Jogini rozwijają teorię pracy. Ale nikt nie może osiągnąć pokoju poprzez wyrzeczenie się działań. Nikt w tym życiu nie może zatrzymać aktywności nawet na chwilę. Właściwości natury [Gunas] zmuszą go do działania. Ten, kto zaprzestaje swoich działań, a jednocześnie wciąż o nich myśli, do niczego nie dochodzi, staje się tylko hipokrytą. Ale ten, kto mocą swojego umysłu stopniowo wprowadza swoje zmysły-organy pod kontrolę, zatrudniając je w pracy, ten człowiek jest lepszy. Dlatego pracujesz." (tamże. 2-8.) ...

"Nawet jeśli znasz sekret, że nie masz obowiązku, że jesteś wolny, to i tak musisz pracować dla dobra innych. Bo cokolwiek wielki człowiek zrobi, zwykli ludzie też to zrobią. Jeśli wielki człowiek, który osiągnął spokój umysłu i wolność, przestanie pracować, wtedy cała reszta bez tej wiedzy i pokoju będzie starała się go naśladować i w ten sposób powstanie zamieszanie. (Ibid. 22-24.)

"Oto Arjuna, nie ma niczego, czego bym nie posiadał i czego bym nie chciał. A jednak nadal pracuję. Gdybym na chwilę przestał pracować, cały wszechświat zostałby zniszczony. (tamże. 22-24.) To, co ignoranci robią z pragnieniem rezultatów i zysku, niech mądrzy robią bez przywiązania i bez pragnienia rezultatów i zysku". (Ibid. 25.)

Nawet jeśli posiadasz wiedzę, nie zakłócaj dziecięcej wiary ignoranta. Z drugiej strony, zejdź do ich poziomu i stopniowo je wychowuj. (tamże. 26, 29.) To bardzo potężny pomysł, który stał się ideałem w Indiach. Dlatego można zobaczyć wielkiego filozofa wchodzącego do świątyni i czczącego obrazy. To nie jest hipokryzja.

Później czytamy, co mówi Krishna: "Nawet ci, którzy czczą inne bóstwa, naprawdę mnie czczą". (tamże. IX. 23.) To Bóg wcielony, którego człowiek czci. Czy Bóg byłby zły, gdybyś nazwał go złym imieniem? On w ogóle nie byłby Bogiem! Czy nie rozumiecie, że cokolwiek człowiek ma we własnym sercu, jest Bogiem - nawet jeśli czci kamień? Co z tego!

Zrozumiemy wyraźniej, jeśli kiedyś pozbędziemy się idei, że religia polega na doktrynach. Jedną z idei religii jest to, że cały świat narodził się, ponieważ Adam zjadł jabłko i nie ma drogi ucieczki. Wierzcie w Jezusa Chrystusa - w pewną śmierć człowieka! Ale w Indiach jest całkiem inny pomysł. Religia oznacza realizację, nic więcej. Nie ma znaczenia, czy podjeżdża się do celu w powozie z czterema końmi, w samochodzie elektrycznym, czy też toczy się po ziemi. Cel jest ten sam. Dla [chrześcijan] problemem jest to, jak uciec od gniewu strasznego Boga. Dla Hindusów jest to, jak stać się tym, czym naprawdę są, odzyskać utraconą Jaźń. ...

Czy zdałeś sobie sprawę, że jesteś duchem? Kiedy mówisz "tak", co to ma znaczyć - ta bryła ciała zwana ciałem lub duchem, nieskończona, zawsze błogosławiona, wymyślna, nieśmiertelna? Być może jesteś największym filozofem, ale dopóki masz pojęcie, że jesteś ciałem, nie jesteś lepszy od małego robaka czołgającego się pod twoją stopą! Nie ma usprawiedliwienia dla ciebie! Tym gorzej dla ciebie, że znasz wszystkie filozofie i jednocześnie myślisz, że jesteś ciałem! Dobry Boże, oto czym jesteś! Czy to jest religia?

Religia jest realizacją ducha jako ducha. Co my teraz robimy? Wręcz przeciwnie, uświadamiając sobie, że duch ma znaczenie. Z nieśmiertelnego Boga wytwarzamy śmierć i materię, a z martwej, nudnej materii wytwarzamy ducha. ...

Jesli stoicie na glowie, albo na jednej nodze, albo czcicie pięć tysiecy bogów z trzema glowami kazdego z nich - to zapraszam! ... Zrób to, jak tylko możesz! Nikt nie ma prawa nic mówić. Dlatego Kryszna mówi, że jeśli twoja metoda jest lepsza i wyższa, to nie masz nic przeciwko temu, aby powiedzieć, że metoda innego człowieka jest zła, niezależnie od tego, jak zły możesz myśleć.

Ponownie, musimy rozważyć, religia jest [kwestia] wzrostu, a nie masa głupich słów. Dwa tysiące lat temu człowiek widział Boga. Mojżesz zobaczył Boga w płonącym krzaku. Czy to, co zrobił Mojżesz, gdy zobaczył, że Bóg cię zbawia? Żaden człowiek, który widzi Boga, nie może ci pomóc w najmniejszym stopniu, z wyjątkiem tego, że może cię to podniecić i nakłonić do zrobienia tego samego. To jest cała wartość przykładów starożytnych. Nic więcej. Drogowskazy w drodze. Żaden człowiek nie może zadowolić innego człowieka. Żaden człowiek, który widzi Boga, nie może ocalić innego człowieka. Musisz sam zobaczyć Boga. Wszyscy ci ludzie walczą o to, czym jest Boża natura - czy ma trzy głowy w jednym ciele, czy pięć głów w sześciu ciałach. Widziałeś Boga? Nie. ... I nie wierzą, że mogą go kiedykolwiek zobaczyć. Jakimi głupcami jesteśmy śmiertelnikami! Jasne, szaleńcy!

Tradycją jest, że jeśli istnieje Bóg, to musi on być waszym i moim Bogiem. Do kogo należy słońce?! Mówisz, że wujek Sam jest wszystkim wujkiem. Jeśli istnieje Bóg, powinieneś być w stanie Go zobaczyć. Jeśli nie, puśćcie go.

Każdy z nich uważa, że jego metoda jest najlepsza. Bardzo dobrze! Ale pamiętaj, to może być dla ciebie dobre. Jeden pokarm, który jest bardzo niestrawny dla jednego jest bardzo strawny dla drugiego. Ponieważ jest to dla ciebie dobre, nie przeskakuj do wniosku, że twoja metoda jest metodą wszystkich, że płaszcz Jacka pasuje do Johna i Mary. Wszyscy niewykształceni, niewykształceni, bezmyślni mężczyźni i kobiety zostali włożeni do tego rodzaju kaftana bezpieczeństwa! Pomyślcie sobie. Zostańcie ateistami! Zostańcie materialistami! Tak byłoby lepiej. Ćwiczy umysł! ... Jakie masz prawo powiedzieć, że metoda tego człowieka jest zła? To może być złe dla ciebie. To znaczy, że jeśli podejmiesz się tej metody, zostaniesz zdegradowany; ale to nie oznacza, że on zostanie zdegradowany. Dlatego, mówi Kriszna, jeśli masz wiedzę i widzisz człowieka słabego, nie potępiaj go. Idź do jego poziomu i pomóż mu, jeśli możesz. On musi dorosnąć. Mogę wsadzić mu pięć wiader wiedzy do głowy w pięć godzin. Ale co dobrego to da? Będzie trochę gorzej niż przedtem.

Skąd bierze się ta cała niewola działania? Bo zakuwamy duszę w łańcuch akcji. Według naszego indyjskiego systemu istnieją dwa istnienia: natura po jednej stronie i Ja, Atman, po drugiej. Przez słowo natura rozumiemy nie tylko cały ten świat zewnętrzny, ale także nasze ciała, umysł, wolę, nawet do tego, co mówi "ja". Ponad to wszystko jest nieskończone życie i światło duszy - Ja, Atman. ... Zgodnie z tą filozofią Ja jest całkowicie oddzielone od natury, zawsze było i zawsze będzie. ... Nigdy nie było czasu, kiedy ducha można by utożsamić nawet z umysłem. ...

Jest rzeczą oczywistą, że jedzenie, które jesz, cały czas produkuje umysł. To ma znaczenie. Ja jest ponad wszelkim związkiem z jedzeniem. To, czy jesz, czy nie, nie ma znaczenia. To, czy myślisz czy nie... nie ma znaczenia. To nieskończone światło. Jego światło jest zawsze takie samo. Jeśli postawisz niebieską lub zieloną szklankę [przed światłem], co to ma wspólnego ze światłem? Jego kolor jest niezmienny. To umysł, który zmienia i nadaje różne kolory. W momencie, gdy duch opuszcza ciało, cała sprawa rozpada się na kawałki.

Rzeczywistość w przyrodzie jest duchem. Sama rzeczywistość - światło ducha - porusza się, mówi i robi wszystko [przez nasze ciała, umysły, itp.]. Jest to energia, dusza i życie ducha, nad którym materia pracuje na różne sposoby... Duch jest przyczyną wszystkich naszych myśli i działania ciała i wszystkiego, ale jest nietknięty przez dobro lub zło, przyjemność lub ból, ciepło lub zimno, i cały dualizm natury, chociaż daje swoje światło do wszystkiego.

"Dlatego, Arjuna, wszystkie te działania są w naturze. Natura ... wypracowuje swoje własne prawa w naszych ciałach i umysłach. Identyfikujemy się z naturą i mówimy: "Ja to robię". W ten sposób złudzenie nas ogarnia." (Ibid. III. 27.)

Zawsze działamy pod pewnym przymusem. Kiedy głód mnie zmusza, jem. A cierpienie jest jeszcze gorsze - niewolnictwo. To prawdziwe "ja" jest wiecznie wolne. Co może go zmusić do zrobienia czegokolwiek? Cierpiący jest w naturze. Tylko wtedy, gdy utożsamiamy się z ciałem, mówimy: "Cierpię, jestem panem tak i tak" - wszystkie te bzdury. Ale ten, kto znał prawdę, trzyma się z dala od niej. Cokolwiek robi jego ciało, cokolwiek robi jego umysł, nie obchodzi go to. Ale pamiętajcie, że ogromna większość ludzkości znajduje się pod tym złudzeniem; i kiedy tylko czynią coś dobrego, czują, że nim są. Nie są oni jeszcze w stanie zrozumieć wyższej filozofii. Nie zakłócajcie ich wiary! Oni oszukują zło i czynią dobro. Świetny pomysł! Pozwól im to mieć! ...są pracownikami na dobre. Stopniowo będą myśleć, że jest większa chwała niż czynienie dobra. Będą tylko świadkami, a rzeczy są robione... Stopniowo zrozumieją. Kiedy odwrócą się od wszelkiego zła i uczynią wszystko, co dobre, wtedy zaczną zdawać sobie sprawę, że są poza wszelką naturą. Oni nie są wykonawcami. Oni stoją. Oni są... świadkami. Oni po prostu stoją i patrzą. Natura rodzi cały wszechświat... Odwracają się plecami. "Na początku, ukochana, istniało tylko to Istnienie. Nic innego nie istniało. I że wszystko inne zostało stworzone." (Chhândogya, VI. ii. 2-3.)

"Nawet ci, którzy znają drogę, działają pod wpływem własnej natury. Każdy działa zgodnie ze swoją naturą. On nie może go przekroczyć."(Gita, III. 33.) Atom nie może nie przestrzegać prawa. Niezależnie od tego, czy jest to umysłowy czy fizyczny atom, musi on być zgodny z prawem. "Jaki jest pożytek z [zewnętrznego ograniczenia]?" (Gita, III. 33.)

Co sprawia, że cokolwiek w życiu ma wartość? Nie przyjemność, nie majątek. Analizuj wszystko. Przekonasz się, że nie ma żadnej wartości poza doświadczeniem, aby nas czegoś nauczyć. I w wielu przypadkach to właśnie nasze trudy dają nam lepsze doświadczenia niż radość. Wiele razy ciosy dają nam lepsze doznania niż pieszczoty natury... Nawet głód ma swoje miejsce i wartość...

Według Krishny, nie jesteśmy nowymi istotami, które po prostu powstają. Nasze umysły nie są nowymi umysłami... W czasach współczesnych wszyscy wiemy, że każde dziecko przynosi ze sobą całą przeszłość, nie tylko ludzkości, ale i życia roślinnego. Są wszystkie poprzednie rozdziały, i ten obecny, i jest wiele przyszłych rozdziałów przed nim. Każdy ma swoją ścieżkę wytyczoną, naszkicowaną i zaplanowaną dla niego. I mimo tych wszystkich ciemności, nie może być nic niesprawiedliwego. Żadnego zdarzenia, żadnej okoliczności... To po prostu nasza ignorancja. Cały nieskończony łańcuch przyczynowy... jest związany jednym ogniwem z drugim z powrotem do natury. Cały wszechświat jest związany tym rodzajem łańcucha. To jest uniwersalny [łańcuch] przyczynowo-skutkowy, ty otrzymujesz jedno ogniwo, jedna część, ja drugą... I to jest nasza własna natura.

Teraz Shri Krishna mówi: "Lepiej umrzeć na własnej drodze, niż próbować drogi innego."(tamże. 35.) To jest moja droga, a ja jestem tutaj na dole. A wy jesteście tam na górze, a ja zawsze jestem kuszony, by zrezygnować z mojej drogi myśląc, że tam pójdę i będę z wami. A jeśli pójdę na górę, nie będę ani tam, ani tutaj. Nie wolno nam stracić z oczu tej doktryny. To wszystko jest kwestią wzrostu. Czekajcie i wzrastajcie, a osiągniecie wszystko; inaczej będzie [wielkie duchowe niebezpieczeństwo]. Oto podstawowy sekret nauczania religii.

Co masz na myśli mówiąc "ratowanie ludzi" i wszyscy wierzący w tę samą doktrynę? Nie może być. Istnieją ogólne idee, których można nauczyć ludzkość. Prawdziwy nauczyciel będzie mógł dowiedzieć się dla ciebie, jaka jest twoja własna natura. Może tego nie wiesz. Możliwe, że to, co uważasz za swoją własną naturę jest złe. Nie rozwinął się do świadomości. Nauczyciel to osoba, która powinna wiedzieć... Powinien poznać twoją twarz i postawić cię na swojej drodze. Gapimy się i walczymy tu i ówdzie, robimy różne rzeczy i nie robimy żadnych postępów, dopóki nie nadejdzie czas, kiedy wpadniemy w ten nurt życia i będziemy kontynuowani. Znakiem jest, że w momencie, gdy znajdziemy się w tym strumieniu, będziemy pływać. Wtedy nie będzie już żadnej walki. To się okaże. Więc umrzyj na tej drodze, zamiast rezygnować z niej i wziąć inny.

Zamiast tego, zaczynamy religię i tworzymy zestaw dogmatów i zdradzamy cel ludzkości i traktujemy wszystkich [jako mających] tę samą naturę. Żadna z dwóch osób nie ma tego samego umysłu ani tego samego ciała. ...nie ma dwóch osób tej samej religii...

Jeśli chcesz być religijny, nie wchodź w bramę żadnej zorganizowanej religii. Czynią sto razy więcej zła niż dobra, ponieważ powstrzymują wzrost indywidualnego rozwoju każdego z nich. Przestudiuj wszystko, ale zachowaj swoje własne miejsce. Jeśli skorzystasz z mojej rady, nie wsadzaj karku w pułapkę. W momencie, gdy próbują położyć na tobie pętlę, wyjmij kark i idź gdzieś indziej. [Jako] że pszczoła zabijająca miód z wielu kwiatów pozostaje wolna, nie jest związana żadnym kwiatem, nie jest związana... Nie wchodźcie do drzwi żadnej zorganizowanej religii. [Religia] jest tylko między tobą a twoim Bogiem, i żadna osoba trzecia nie może wchodzić między ciebie. Pomyślcie, co te zorganizowane religie zrobiły! Jaki Napoleon był straszniejszy od tych prześladowań religijnych? . . . Jeśli ty i ja się zorganizujemy, zaczniemy nienawidzić każdego człowieka. Lepiej nie kochać, jeśli kochanie oznacza tylko nienawidzenie innych. To nie jest miłość. To jest piekło! Jeśli kochanie własnego ludu oznacza nienawidzenie wszystkich innych, to jest to kwintesencją egoizmu i brutalności, a efektem tego jest to, że uczyni cię brutalem. Dlatego lepiej umrzeć pracując nad własną religią naturalną, niż podążać za czyjąś religią naturalną, bez względu na to, jak wielka może ci się wydawać. (Ibid. 35.)

"Uważaj, Arjuna, żądza i gniew to wielcy wrogowie. Mają one być kontrolowane. Obejmują one wiedzę nawet tych [którzy są mądrzy]. Ten ogień pożądania jest nie do ugaszenia. Jego lokalizacja jest w sensie-organy i w umyśle. Self niczego nie pragnie. (Ibid. 37, 40.)

"Ta joga, której uczyłem w starożytnych czasach [do Vivaswân; Vivaswan nauczał jej Manu]. ... Tak więc to było, że wiedza zeszła z jednej rzeczy do drugiej. Ale z czasem ta wielka joga została zniszczona. Dlatego mówię ci to dzisiaj ponownie." (Ibid. IV. 1-3.)

Wtedy Arjuna pyta: "Dlaczego tak mówisz? Jesteś człowiekiem, który urodził się dopiero niedawno, i [Vivaswan urodził się na długo przed tobą]. Co to znaczy, że go pan nauczył?" (Ibid. 4.)

Wtedy Kryszna mówi: "O Arjunie, ty i ja wielokrotnie prowadziliśmy cykl narodzin i śmierci, ale nie jesteś świadomy ich wszystkich. Jestem bez początku, bez urodzenia, absolutnym Panem całego stworzenia. Ja przez swoją własną naturę przybieram formę. Ilekroć cnota ustępuje i panuje niegodziwość, przychodzę pomóc ludzkości. Dla zbawienia dobra, dla zniszczenia niegodziwości, dla ustanowienia duchowości przychodzę od czasu do czasu. Ktokolwiek chce do mnie dotrzeć w jakikolwiek sposób, ja docieram do niego przez to. Ale wiesz, Arjuna, nikt nigdy nie może zboczyć z mojej drogi." Nikt nigdy tego nie zrobił. Jak możemy? Nikt nie zbacza z jego drogi.

... Wszystkie społeczeństwa są oparte na złej generalizacji. Prawo może być tworzone tylko po idealnym uogólnieniu. Co to za stare powiedzenie: Każde prawo ma swój wyjątek? ... Jeśli jest to prawo, to nie może być złamane. Nikt nie może go złamać. Czy jabłko łamie prawo grawitacji? W momencie złamania prawa, nie ma już wszechświata. Nadejdzie czas, gdy złamiecie prawo i wtedy wasza świadomość, umysł i ciało stopią się.

Jest tam człowiek, który kradnie. Dlaczego on kradnie? Ty go karzesz. Dlaczego nie zrobisz dla niego miejsca i nie włożysz jego energii do pracy? ... Mówisz, "Jesteś grzesznikiem", a wielu powie, że złamał prawo. Całe to stado ludzkości jest zmuszone do uniformizacji i stąd wszystkie kłopoty, grzech i słabość... Świat nie jest taki zły, jak ci się wydaje. To my, głupcy, uczyniliśmy go złym. Produkujemy własne duchy i demony, a potem... nie możemy się ich pozbyć. Kładziemy ręce przed oczami i płaczemy: "Niech ktoś da nam światło." Głupcy! Zabierz ręce z oczu! To wszystko, co jest do tego... Wzywamy bogów, by nas zbawili i nikt się nie obwinia. Taka szkoda. Dlaczego w społeczeństwie jest tak wiele zła? Co oni mówią? Ciało i diabeł i kobieta. Po co robić te rzeczy? Nikt cię nie prosi, żebyś je zrobił. "Żaden, O Arjuna, nie może zboczyć z mojej drogi." (tamże. 11.) Jesteśmy głupcami, a nasze drogi są głupie. Musimy przejść przez to całe Mâyâ. Bóg stworzył niebo, a człowiek stworzył piekło dla siebie.

"Żadna akcja nie może mnie dotknąć. Nie mam ochoty na efekty działań. Ten, kto mnie zna, zna więc tajemnicę i nie jest związany działaniem. Starożytni mędrcy, znając ten sekret, mogli bezpiecznie zaangażować się w akcję. Pracujesz w ten sam sposób. (Ibid. 14-15.)

"Ten, kto widzi pośród intensywnej aktywności, intensywny spokój, a pośród intensywnego spokoju, jest intensywnie aktywny [jest mądry]. (Ibid 18.) ... To jest pytanie: Czy z każdym zmysłem i każdym aktywnym organem macie ten ogromny spokój, aby nic wam nie przeszkadzało? Stojąc na Market Street, czekając na samochód z całym tym pośpiechem... dzieje się wokół ciebie, jesteś w medytacji - spokojny i cichy? W jaskini, czy jesteś tam intensywnie aktywny z całą ciszą o tobie? Jeśli jesteś, to jesteś Joginem, inaczej nie.

"[Widzący nazywają go mądrym], którego każda próba jest wolna, bez chęci zysku, bez egoizmu." (Ibid. 19). Prawda nigdy nie może przyjść do nas tak długo, jak długo jesteśmy samolubni. Wszystko pokolorujemy własnymi kolorami. Rzeczy przychodzą do nas takie, jakie są. Nie żeby były ukryte, wcale nie! *Ukrywamy* je. Mamy szczotkę. Przychodzi rzecz, która nam się nie podoba, i szczotkujemy trochę, a potem patrzymy na to. ... Nie chcemy wiedzieć. Malujemy wszystko ze sobą. We wszystkich działaniach siłą napędową jest egoizm. Wszystko jest ukryte przez nas samych. Jesteśmy jak gąsienica, która wyjmuje nić z jego własnego ciała i z tego robi kokon, a oto on zostaje złapany. Swoją pracą naraża się na niebezpieczeństwo. To jest to, co robimy. W momencie, gdy mówię "ja", wątek robi obrót. "Ja i mój", jeszcze jeden obrót. Więc to idzie. ...

Nie możemy pozostać bez działania przez chwilę. Działaj! Ale tak jak wtedy, gdy sąsiad pyta cię: "Chodź i pomóż mi!", masz dokładnie taki sam pomysł, gdy pomagasz sobie. Już nie. Twoje ciało nie ma większej wartości niż ciało Johna. Nie rób nic więcej dla swojego ciała niż ty dla Johna. To jest religia.

"Ten, którego wysiłki są pozbawione wszelkiej pożądliwości i egoizmu, spalił całą tę niewolę działania ogniem wiedzy. On jest mądry." (Tamże. 19.) Czytanie książek nie może tego zrobić. Tyłek może być obciążony całą biblioteką; to nie czyni go w ogóle uczonym. Jaki jest pożytek z czytania wielu książek? "Rezygnując z przywiązania do pracy, zawsze zadowolony, nie mając nadziei na zysk, mądry człowiek działa i jest poza działaniem." (tamże. 20.) ...

Nago wyszedłem z łona matki i nago wróciłem. Bezradny przyszedłem i bezradny odchodzę. Teraz jestem bezradny. A my nie znamy celu. To straszne, że o tym myślimy. Mamy takie dziwne pomysły! Idziemy do medium i zobaczymy, czy duch może nam pomóc. Pomyślcie o słabości! Duchy, diabły, bogowie, ktokolwiek. Chodźcie! I wszyscy księża, wszyscy szarlatani! To jest właśnie ten moment, w którym nas złapią, moment, w którym jesteśmy słabi. Potem sprowadzają wszystkich bogów.

Widzę, że w moim kraju człowiek staje się silny, wykształcony, staje się filozofem i mówi: "Cała ta modlitwa i kąpiel to bzdury". ... Ojciec mężczyzny umiera, a jego matka umiera. To najstraszniejszy szok, jaki hindusi mogą mieć. Znajdziesz go kąpiącego się w każdym brudnym basenie, wchodzącego do świątyni, liżącego kurz. ... Pomóżcie komukolwiek! Ale my jesteśmy bezradni. Nie ma żadnej pomocy od nikogo. Taka jest prawda. Było więcej bogów niż ludzi, a jednak nie było żadnej pomocy. Umieramy jak psy. Żadnej pomocy. Wszędzie bestialstwo, głód, choroby, nędza, zło! I wszyscy wołają o pomoc. Ale nie ma pomocy. A jednak, wbrew nadziei, nadal krzyczymy o pomoc. Oh, nędzny stan! Oh, strach przed tym! Spójrzcie w swoje własne serce! Połowa kłopotów to nie nasza wina, ale wina naszych rodziców. Urodzony z tą słabością, coraz więcej wkładał nam do głowy. Krok po kroku wychodzimy poza to.

To ogromny błąd czuć się bezradnym. Nie szukaj pomocy u nikogo. Jesteśmy naszą własną pomocą. Jeśli nie możemy sobie pomóc, nie ma nikogo, kto mógłby nam pomóc. ... "Jesteś swoim jedynym przyjacielem, jesteś swoim jedynym wrogiem. Nie ma innego wroga niż ten mój, nie ma innego przyjaciela niż ja." (tamże. VI. 5.) To jest ostatnia i najwspanialsza lekcja, i Oh, co za czas, żeby się tego nauczyć! Zdaje się, że się trzymamy, a w następnej chwili nadchodzi stara fala. Kręgosłup się łamie. Osłabiamy się i znów chwytamy za ten przesąd i pomagamy. Pomyślcie tylko o tej ogromnej masie nieszczęść, a wszystko to spowodowane tym fałszywym pomysłem szukania pomocy!

Możliwe, że ksiądz mówi swoje rutynowe słowa i oczekuje czegoś. Sześćdziesiąt tysięcy ludzi patrzy w niebo, modli się i płaci księdzu. Miesiąc po miesiącu wciąż patrzą, wciąż płacą i modlą się. ... Pomyślcie o tym! Czy to nie szaleństwo? Co jeszcze to jest? Kto jest odpowiedzialny? Możecie głosić religię, ale żeby pobudzić umysły nierozwiniętych dzieci...! Będziesz musiał za to cierpieć. W twoim sercu, czym jesteś? Za każdą słabnącą myśl, którą włożyłeś w czyjąś głowę, będziesz musiał zapłacić złożone odsetki. Prawo Karmy musi mieć swój funt ciała. ...

Jest tylko jeden grzech. To jest słabość. Kiedy byłem chłopcem, czytałem "Raj *utracony"* Miltona. Jedynym dobrym człowiekiem, którego szanowałem, był Szatan. Jedynym świętym jest ta dusza, która nigdy nie osłabnie, zmierzy się ze wszystkim i postanowi umrzeć w grze.

Wstawaj i umieraj! ... Nie dodawaj jednego szaleństwa do drugiego. Nie dodawaj swojej słabości do zła, które nadejdzie. To wszystko, co mam do powiedzenia światu. Bądź silny! ... Mówisz o duchach i diabłach. Jesteśmy żywymi diabłami. Oznaką życia jest siła i wzrost. Oznaką śmierci jest słabość. Cokolwiek jest słabe, unikaj! To jest śmierć. Jeśli to jest siła, zejdź do piekła i złap ją! Zbawienie jest tylko dla odważnych. "Tylko odważni zasługują na uczciwość." Nikt poza najodważniejszymi nie zasługuje na zbawienie. Czyje to piekło? Czyje to tortury? Czyj to grzech? Czyja to słabość? Czyja to śmierć? Czyja to choroba?

Wierzysz w Boga. Jeśli tak, wierzcie w prawdziwego Boga. "Jesteś mężczyzną, kobietą, młodzieńcem chodzącym w sile młodości, starcem chwiejącym się kijem." (Shvetâshvatara, IV. 3.) Jesteś słabością. Ty się boisz. Jesteś niebo i jesteś piekłem. Jesteś wężem, który by żądlił. Przychodzisz jako strach! Przyjdź jako śmierć! Chodź, ty nędzniku! ...

Cała słabość, cała niewola to wyobraźnia. Powiedz jedno słowo, to musi zniknąć. Nie osłabiaj! Nie ma innego wyjścia... Wstań i bądź silny! Bez obaw. Żadnych przesądów. Zmierz się z prawdą, jaka jest! Jeśli śmierć nadejdzie - to jest najgorsza z naszych nieszczęść - niech nadejdzie! Jesteśmy zdeterminowani, by umrzeć w grze. To jest cała religia, którą znam. Nie doszedłem do tego, ale walczę o to. Ja mogę nie, ale ty możesz. Dalej!

Tam, gdzie jeden widzi drugiego, słyszy drugiego tak długo, jak są dwa, musi być strach, a strach jest matką wszystkich [nieszczęście]. Tam, gdzie nikt nie widzi innego, gdzie jest wszystko Jedno, nie ma nikogo, kto byłby nieszczęśliwy, nie ma nikogo, kto byłby nieszczęśliwy. (Chhândogya, VII. xxiii-xxiv, (dostosowany)) [Jest tylko] Ten bez sekundy. Dlatego nie bójcie się. Obudź się, powstań i nie zatrzymuj się, dopóki nie osiągniesz celu!

Referencje

1. Karmanyevadhikaraste Ma Phaleshu Kadacana (rozdział 2, werset 47)
2. Yada Yada Hi Dharmasya (rozdział 4, werset 7-8)
3. Bezpośrednie cytaty Swamiego Vivekananandy i wzmianki o sloksach Bhagavada Gity (wersety)
4. Davis 2014, s. 2.
5. Easwaran 2007, s. 111-122.
6. Eliot Deutsch & Rohit Dalvi 2004, s. 60-62.
7. Sierżant 2009, s. x-xviii.
8. Eliot Deutsch & Rohit Dalvi 2004, s. 61.
9. Scheepers 2000.
10. Raju 1992, s. 211.
11. Eliot Deutsch & Rohit Dalvi 2004, s. 61-62.
12. Eliot Deutsch & Rohit Dalvi 2004, s. 97
13. Ronald Neufeldt. Robert Neil Minor (red.).
14. Współcześni indyjscy tłumacze Bhagavad Gita. State University of New York Press. pp. 31–33. JESTBN 978-1-4384-1325-9.
15. M.V. Nadkarni 2016, s. 15.
16. Catherine A. Robinson (2014). Interpretacje Bhagawad-Gita i Obrazy Tradycji Hinduskiej: Pieśń Pana. Taylor & Francis. pp. viii-ix. JESTBN 978-1-134-27891-6.
17. J.A.B. van Buitenen 2013, s. 6-7, cytuję: "Jego [Bhagavadgita] znaczenie jako tekstu religijnego przejawia się w jego wyjątkowym pan-hinduskim wpływie".
18. Gerald James Larson (2009). Jacob Neusner (red.). Religie światowe w Ameryce, wydanie czwarte: Wprowadzenie. Westminster John Knox Press. s. 187. JESTBN 978-1-61164-047-2.
19. "Mahatma Gandhi | Biografia, osiągnięcia, i fakty". Encyklopedia Britannica. Odzyskane 16 maja 2017 roku.
20. Swami Prabhavananda; Christopher Isherwood (2002). Bhagavad-Gita: Pieśń Boże. Sygnet Clasic. JESTBN 978-0-451-52844-5.
21. przetłumaczone przez Sir Edwina Arnolda (1885), Bhagavadgita (Unabridged ed.), Nowy Jork: Dover Publikacje (1993 Przedruk), ISBN 0-486-27782-8
22. czasopisma wekipedialne

23. *Bhagavad Gita* to dyskusja z Arjuną na polu bitwy Krishny. Przez A.C. Bhaktivedanta Swami Prabhupada. Z wyszukiwarką, galerią sztuki, oryginalnym sanskrytem, słowem ...

Kolibri 360 GmbH
Ferdinand-Jühlke-Straße 7
99095 Erfurt, Deutschland
produktsicherheit@kolibri360.de

Druck:
CPI Druckdienstleistungen GmbH
im Auftrag der
Kolibri 360 GmbH
Ferdinand-Jühlke-Str. 7
99095 Erfurt